Suzan H. Wiegel

Der Ladakh-Instinkt

Abschied vom Mangel

Hinweis:
Dieses Buch dient der Information und Selbsterfahrung. Es soll jedoch medizinischen Rat nicht ersetzen! Im Zweifelsfall oder bei bestehender Erkrankung ist es sinnvoll, den Rat einer qualifizierten Fachperson einzuholen.

Umschlagmotiv: Suzan H. Wiegel
Umschlaggestaltung: Peter von Beyer, Cadolzburg
Herstellung und Verlag: Books on Demand GmbH, Norderstedt
ISBN: 3-8334-0240-7

Wir sind hier, um zu lieben.
Um eine Liebe in uns zu finden, die
noch größer ist als alle Liebe,
die den Engeln des Himmels bekannt ist.

Für meine Kinder

Inhalt

1. Vorwort

Etwa ein Jahr nach meiner ersten Begegnung mit den Meistern des glückvollen und erfüllten Lebens, den Kahunas auf Hawai'i, meldete sich meine innere Stimme wieder deutlich vernehmbar zu Wort. Sie riet mir, mit tibetischen Ärzten durch den Himalaya zu wandern, um auf diesem Weg einen profunden Einblick in die wahre Natur alles Lebenden zu gewinnen.

Kurz darauf flog mir wie aus dem Nichts eine entsprechende Einladung auf den Schreibtisch: "Vier Wochen unterwegs mit tibetischen Ärzten – mit ihnen von Ort zu Ort wandern, mit ihnen leben, um die tieferen, wortlosen Verständnisebenen ihrer Behandlungen verstehen zu lernen." Mein Verstand hatte große Einwände. Ich war weder entsprechend trainiert, um diese Höhen mühelos zu erklimmen, noch wusste ich, ob ich sie ohne Höhenkrankheit bewältigen würde. Doch wie im Jahr zuvor, siegte die quicklebendige Vorfreude in meinem Herzen. Wie konnte ich da noch zögern?

Es war mir schlicht zu wichtig, die Heilkunst der tibetischen Ärzte hautnah unter den natürlichen, kargen Bedingungen zu erleben. Ich wollte lernen, war begierig zu sehen und zu fühlen, was es tatsächlich bedeutet, ein Arzt im Himalaya zu sein. Vor allem aber hoffte ich, in Ladakh, seit jeher ein Land spitituelller Einkehr und Tradition, in den alltäglichen Ritualen, in den Bräuchen und in der täglichen Lebensführung die auf Frieden und respektvolle Gemeinsamkeit ausgerichteten Gedankenformen wiederzufinden, die wir in unserer schnelläufigen Zeit zur Seite gedrängt haben. Sie fehlen offensichtlich in unserem Alltag. Vielleicht ist er deshalb oft so unbefriedigend, so streßig, im Grunde so leer?

Ich wusste, dass in den entlegenen Siedlungen und Klöstern die Menschen immer noch so leben, wie vor Hunderten von Jahren, daß sie die Riten der Ahnen ehren und ihnen aus Überzeugung folgen. Aber welche Überzeugung war das? Außerdem sah ich diese Reise als eine große Chance für mich, für eine Weile ein wirklich erdverbundenes und auch körperlich "anstrengendes" Leben zu führen.

Ich wollte neue Impulse gewinnen, um zu entscheiden, welchen Sinn ich meinem persönlichen Leben in Zukunft geben wollte.

Die Weisheit der Kahunas im Herzen, die den Beruf des Arztes und Priesters seit eh und je in einer Person vereinen und in jedem Menschen das vollkommene Wesen sehen, war ich nun sehr gespannt auf die tibetischen Traditionen und Weisheiten. Von den Kahunas hatte ich mir damals die in ihrer Tradition bewährten "Essenzen der Fülle" erbeten, um auch uns "Europäern" das mühelose Wiederanknüpfen an unsere Höhere Natur und ihr unerschöpfliches Energiepotenzial zu erleichtern. Mit Freude und Begeisterung waren sie damals meiner Bitte gefolgt (siehe "Das Handbuch der Kahuna-Medizin"). Die Wirkung dieser einzigartigen Essenzen hatte bereits während des ersten Jahres in der Praxis alle Erwartungen bei weitem übertroffen.

Wohl aus diesem Grunde riet mir meine innere Stimme auch diesmal, kleine Phiolen und Petrischalen einzupacken, die ich sicher benötigen würde. Der Vorschlag klang gut und so wuchsen Herzklopfen und Vorfreude auf das nächste Abenteuer täglich.

Was ich erleben durfte, übertraf alle Erwartungen bei weitem und lässt mich bescheiden und dankbar für alle dort gewonnenen Erkenntnisse sein. Ein weiteres Mal zeigten mir Menschen, dass es ein Wissen hinter dem angelernten und erprobten Wissen gibt, eines, das dem Herzen Raum und Gewissheit schenkt; alle Zweifel und Befürchtungen vertreibt. Ein Gefühlszustand, vom Großen Ganzen durchflutet, der das Menschsein mit Frieden, Sicherheit und Güte bis in jede Zelle ausfüllt: eine Kraft, die die Seele (theologisch), den Geist (philosophisch), die Psyche (medizinisch) oder das Bewusstsein (neutral) nährt und in sein schöpferisches Potential, in grenzenlose Einsicht und Kreativität zu führen vermag, wenn wir dies nur wollen. Uns alle führt und leitet die (oft unbewusste) innere Achtung vor der unbeschreiblichen Großartigkeit allen Lebens.

Folgen Sie mir nun, wenn Sie möchten, in eine andere Welt, in die rauhe Grandiosität dieser Landschaft, die laut und deutlich von Einklang und gewaltiger Größe spricht. In eine Region ohne jeglichen materiellen Reichtum, aber durchflutet von einem Wissen, das ewige Gültigkeit besitzt und das Leben dieser Menschen, selbst unter den härtesten Bedingungen, lebenswert, reich und sinnerfüllt gedeihen lässt.

2. Hintergründe

Wer sind wir eigentlich, wir Menschen? Und was?
Ein Bündel von Millionen und Abermillionen von Zellen? Haut, Knochen, Organe, Muskeln, Nerven und Blut? Zu mehr als 70% strukturiertes Wasser? Sind wir nur diese Person, die wir kennen? Oder sind wir mehr, vielleicht sogar weit mehr? Stimmen wir den Physikern zu, wenn sie sagen, dass wir Energie sind? Besitzen wir ein Über-Selbst? Warum fühlen wir uns so oft hin- und hergerissen? Sind wir am Ende doch eine Einheit: Körper, Geist und Seele? Und wenn es so ist, was hält uns dann zusammen?

Betrachten wir einmal die kleinste Einheit des Lebens, die nach Ansicht der Forschung vor schätzungsweise 3,5 Millionen Jahren auf dieser Erde entstand: die Zelle. Diese von uns als "Einzeller" bezeichneten, höchst überlebensfähigen Lebewesen gibt es auch heute noch, z. B. tausendfach in jedem Wassertropfen. Einzelne Zellen schlossen sich zusammen, bildeten einen vielzelligen Organismus und daraus entwickelten sich unterschiedliche Lebewesen. Was veranlasste diese Zellen, sich zusammenzuschließen und in natürlich harmonischer Zusammenarbeit Grandioses zu erschaffen? Welche Kraft leitete sie?

Gehen wir einen Schritt weiter und schauen uns z. B. den harmonischen und geordneten Lebensverband der Ameisen an. In ihrem Volk dienen sie ohne den geringsten Irrtum den unterschiedlichsten Aufgaben: Baumeister, Nahrungsbeschaffer, Putzkolonnen, Soldaten, Kindermädchen ... Woher wissen sie, was sie zu tun haben? Welche Kraft führt sie? Woher kennt die Königin ihre Aufgabe? Was lässt alle gemeinsam und koordiniert handeln um Leistungen zu erreichen, zu denen das einzelne Tier niemals fähig wäre? Was lässt sie Tunnel graben, die exakt aufeinander treffen, obwohl sie an gegenüberliegenden Stellen das Graben begannen?

Haben Sie gewusst, dass die Blattschneider-Ameisen, die in Amerika beheimatet sind, seit Millionen von Jahren Agrarhandel betreiben? (siehe: Vernetzte Intelligenz)

Dass sie die Gentechnik so weit beherrschen, wie sie ihnen zum Wohle aller dient, und dass sie ihre Hauptnahrung, nämlich Pilze, klonen können? Wenn ihnen eine Sorte nicht mehr schmeckt, regen sie die Pilz-Zellen künstlich zur Teilung an und verspeisen wenig später eine neue Sorte. Oder sie tauschen mit anderen Ameisenvölkern die Nahrung aus. Was führt sie? Was leitet sie?

Für den Körper des Menschen gilt ähnlich Großartiges: Viele Zellen haben sich als "Spezialisten" zusammengeschlossen und sorgen beispielsweise präzise für Sauerstoffaufnahme oder Kalkeinlagerung, leiten elektrische Impulse weiter oder produzieren Hormone. Nur durch diese fein abgestimmte Spezialisierung und gleichzeitig harmonische Koordination kann der Körper für die Dauer seines Lebens in optimaler Funktion gehalten werden. Schert nur eine Zelle aus, entsteht Disharmonie, das Gefüge gerät aus dem Gleichgewicht und eine Krankheit, vielleicht ein Tumor, entwickelt sich.

Aber was bringt das harmonische Gefüge aus der Balance? Warum schert plötzlich eine Zelle aus? Ist das, was alle Zellen so optimal leitet und führt möglicherweise ein übergeordnetes Bewusstsein? Eine Höhere Kraft, die wir nicht bewußt kennen aber manchmal erahnen?

Und könnte das, was die Körperzelle zum Ausscheren aus der gemeinsamen Harmonie bewegt vielleicht ursächlich durch die Kraft schöpferischer, menschlicher Gedanken mit bewirkt werden? Oder lediglich äußere Ereignisse? Wodurch aber werden eben diese Ereignisse in Gang gesetzt?

Wie sich leicht erkennen lässt, folgen Tiere und Pflanzen unbeirrbar einer sie führenden Kraft, die sie in die jeweils möglichen, optimalen Lebensbedingungen leitet. Sie leben offensichtlich in einer absoluten Gewissheit, folgen und vertrauen bedingungslos.

Entspräche eine solche Gewissheit, ein derartig tiefes Vertrauen womöglich auch der ursprünglichen, angeborenen Natur des Menschen? Könnten wir in einem ebensolchen Zustand leben? Finden wir das erstrebenswert? Oder ist es vielleicht so, wie manche Skeptiker glauben, dass das hoch entwickelte Bewusstsein des

Menschen einen solchen Zustand nicht erlaubt? Wieso zweifelt der Mensch, will alles beweisen? Warum kennt er Angst und Sorgen, leidet unter Schmerzen und Krankheiten? Fürchtet den Tod? Was bewirken all unsere Befürchtungen in unserem Körper?

Wie setzt der Mensch sein Bewusstsein, das ihn von Pflanze und Tier unterscheidet, ein? Glaubt er wirklich, er sei nicht von einem übergeordneten Bewusstsein geführt und müsste sein Leben allein aus seiner menschliche Kraft meistern? Oder glaubt er, er könne diese alles durchdringende Kraft ignorieren und vielleicht sogar übertreffen? Und wenn es so wäre, was will der Mensch damit erreichen?

Stellen wir uns ein winziges Samenkorn vor. Wenn wir wissen wollen, woraus es besteht, werden wir eine chemische Analyse vornehmen lassen und sehr bald präzise wissen, wie es zusammengesetzt ist. Bis ins kleinste Detail lässt sich wissenschaftlich nachweisen, woraus es besteht. Eines jedoch werden wir niemals nachweisen können: Die wissende Kraft, die es zum Keimen bringt, sobald wir es in die Erde legen. Und doch ist sie da! Was wäre das Samenkorn ohne diese Kraft? Dieses kleine Samenkorn "weiß" genau, welche Pflanze aus ihm hervorgehen wird und "kennt" alle dafür notwendigen Informationen. Deshalb "stirbt" es, verwandelt sich und wird z. B. zum Baum. Glauben Sie, daß das Samenkorn einen Zweifel an dieser Verwandlung hat?

Was geschähe mit uns, wenn wir uns bewusst entschieden, die Führung in unserem Leben der gleichen keimtreibenden, Alles durchdringenden, Großartiges erschaffenden Energie vertrauensvoll zu überlassen? Würden wir vielleicht so das volle Potenzial unseres Bewusstseins beginnen zu nutzen? Die Fähigkeit eines mitfühlenden Lebens wieder fühlen? Könnten wir mithilfe dieses unsichtbaren, aber höchst kraftvollen Potentials unsere Grenzen ausweiten, unsere täglichen Probleme lösen? Wollen wir das überhaupt? Wollen wir die menschliche Weisheitstradition nun fortsetzen, die seit jeher in unserer Natur liegt und in ihrem Ursprung älter ist als alle menschliche Geschichtsschreibung? Warum nehmen wir das offensichtliche Geschenk nicht an? Was könnte es uns allen, jedem

Einzelnen an grandiosen Erkenntnissen schenken, dieses einzigartige, zum Menschen gehörende Bewusstsein?

Vor allem sicherlich die Fähigkeit, bewusst zu erkennen und zu wählen. Wir haben mithilfe unseres freien Willens und des klaren Verstandes jeden Moment die Wahl, ob wir unsere Lebensenergie, unsere kreativen Kräfte, aufbauen oder abbauen wollen. Wir könnten Energie-Giganten sein, würden wir uns nur konsequent, vertrauensvoll und bewusst energetisch selbst aufbauen.

Täglich verbrauchen wir Unmengen von Energie: durch Ärger, Wut, Angst, Schuldgefühle, unerfüllte Erwartungen und Hoffnungen, ungeliebte Arbeit, mangelndes Selbstvertrauen, Zweifel, Sorgen, Arbeitslosigkeit, Krankheit usw. Wir verlieren weitere Energie durch unzureichende Nahrung, zu wenig Bewegung und mangelnden, zwischenmenschlichen Kontakt: wenig Verständnis füreinander, dafür jede Menge Urteil und Bewertung über einander. Energieverlust, Tag für Tag. Und wo oder wie tanken wir uns auf, damit unsere kreative Energie zumindest auf dem gleichen Niveau gehalten werden kann? Energieaufbau ist die wichtigste Grundvoraussetzung für ein glückliches, erfolgreiches, erfülltes und gesundes Leben, das wir alle wollen und ersehnen. Aber was tun wir denn bewusst dafür? Wie sollen Körper, Geist und Seele täglich Optimales für uns erschaffen, wenn wir nicht für die notwendigen Voraussetzungen sorgen? Sehen wir deshalb immer wieder besorgt in die Zunkunft, weil wir das Wichtigste, was es täglich zu tun gibt, versäumt haben: aufbauende, kraftvolle Energie bewusst in uns zu erschaffen!

Alle freudvollen, liebevollen Gedanken über uns selbst, unsere Fähigkeiten, unser Leben, unsere Zukunft bauen uns auf. Ein "Danke" an diesen Tag, für alles, was ich habe und mir noch erschaffen werde. Ein "Danke" an all die Menschen, die ich liebe: "Danke, dass es dich gibt!" Wie schön, dass sie alle in meinem Leben sind! Ein Lächeln für den nächstbesten Mitmenschen oder eine hilfreiche Geste für die alte Dame, die am Stock geht und fast den Bus verfehlt, oder für die junge Mutter, die den Kinderwagen nicht in die Straßenbahn wuchten kann. Ein Lob für den Kollegen oder eine liebevolle Umarmung von Freunden. Möglichkeiten gibt es unzählige, sie kommen alle aus dem Grundgefühl "Liebe" und stimmen mit der Natur unserer Seele überein, die Liebe ist und Liebe ausdrücken will. Wenn Herz und Seele "satt" sind, fühlen wir uns energiegeladen, sprühen vor Freude und Lebenslust. Das ist der Raum, aus dem die neue, spannende, großartige Zukunft entstehen wird, aus dem die genialsten Lösungen wie von selbst entspringen. Die Basis dafür können wir leicht und mühelos täglich in uns selbst legen.

Erinnern Sie sich? Sie kennen das Gefühl! Wie war es, als sie frisch und total verliebt waren? Sie hätten am liebsten die ganze Welt umarmt. Sie hatten so viel Energie, dass Sie kaum noch wussten, wohin damit - und waren so im natürlichsten Zustand menschlichen Lebens: dem Überfluss an Energie! Ihr Herz floss über!

Warum nicht immer in diesem Zustand leben? Warum nicht bewusst den Überfluss der eigenen Lebensenergie erzeugen? Sie glauben, das geht nicht? Warum nicht? Haben Sie es schon einmal über längere Zeit konsequent versucht? Nein? Woher wissen Sie dann, dass es nicht möglich ist? Dass die allermeisten Menschen genau dies nicht tun, weil sie von der Routine des Alltags narkotisiert sind, ist doch kein Beweis dafür, dass es nicht möglich wäre.

Viele Naturvölker dieser Erde, z. B. die Tibeter leben auf diese Weise und zeigen durch ihr übervolles Herz ihre Freude am Leben: aus ihren glänzenden und lachenden Augen leuchtet jeden Besucher die Wahrheit in ihrem Herzen an: "Das Leben ist wunder-voll. Äußere Umstände werden diese Gewißheit in mir nicht verändern."

Wie das funktionieren soll?
Das Prinzip ist sehr einfach, will aber häufig und konstant geübt sein, bis die optimale Wirkung einsetzt: Wir verbinden uns täglich mehrmals bewusst und willentlich mit der Alles durchdringenden, reinsten und höchsten Kraft, die wir Gott, Allah, Shiva oder den Unaussprechlichen nennen können. Wir stellen diese natürliche Anbindung an ein übergeordnetes, segnendes Bewusstsein wieder her und erinnern uns, jenseits aller Zweifel, dass die Seele nicht im

Körper wohnt, sondern der Körper in der Seele. Wir sind immer geschützt, behütet, geborgen. Umgeben von unbeschreiblicher Weisheit, Liebe und Fürsorge. Dann erkennen wir im Herzen: "Ich bin ja gar nicht allein. Ich bin wie der Tropfen im Ozean: allein und verbunden. Aus dieser Kraft werde ich meine Zukunft neu schreiben!"

Wenn wir uns zu Beginn nur die Chance einräumen, unsere Energie täglich zu vermehren, unser Lebensgefühl zu steigern und unsere Lebenskraft deutlich fühlbar zu erhöhen, dann ist der wichtigste Schritt bereits getan, weil wir es nun zumindest für möglich, ja, vielleicht sogar für erstrebenswert halten. Ziel ist: Gewissheit im Herzen zu schaffen um widerstandsfähiger zu werden, nicht länger unnötig schöpferische Energie zu verlieren, Perspektiven und Ziele zu erweitern, ein gesundes, stabiles Selbstvertrauen aufzubauen, das Leben selbst, im Einklang mit der Kraft des Höchsten, zum Erfolg werden lassen. Wichtig ist zu Beginn nur eines: dass wir felsenfest und unerschütterlich daran glauben, dass diese Ziele erreichbar sind, auch wenn wir im Kopf noch nicht genau wissen wie.

Vor allem diese (gedankliche) Nahrung brauchen Herz und Seele dringend: Vertrauen in uns selbst (Energieaufbau), anstelle von Zweifel (Energieabbau). Auf diese Weise bewusst genährt, liefern wir uns selbst nach und nach das unerschöpfliche Energiepotenzial, das wir zur Lösung all unserer momentanen Probleme dringend benötigen. Nach und nach befreit von der Wirkung äußerer Geschehnisse auf unser Innenleben, können wir gleichzeitig immer kraftvollere, liebevollere Antworten finden. Antworten, die aus der inneren Balance aufsteigen, nicht länger aus Aufregung, Ablehnung oder Kampf. Das Ergebnis wird uns beglücken.

Für die Naturvölker gibt es nur **eine** natürliche, nie versiegende Quelle, die uns ständig nährt und aufbaut: die Energie, das Licht, der Herzschlag des Universums, das unsere geistige Heimat ist. Für sie ist es selbstverständlich, dass alle Menschen über einen unsichtbaren, aber unzerstörbaren, allwissenden Lebensfaden rückverbunden sind, daß wir alle, abgesehen von eher unbedeutenden und endlichen Äußerlichkeiten ein- und dasselbe sind.

Wenn wir unseren Ursprung wieder erinnern, uns dessen sicher sind, dann dehnt sich unsere Lebens- und Herzensenergie immer weiter aus, genau so, wie das Universum es tut. Aus dieser Fülle, die täglich zunimmt, denken, sprechen und handeln wir anders als zuvor. Innere Gewißheit ist nun das vorherrschende Lebensgefühl, kraftvoll und lustvoll zugleich. Zunehmend öfter aus dieser Schwingung lebend, werden wir erfahren, zu welchen Glanzleistungen diese Energie imstande ist: ein gefühlsmäßig Neues Leben beginnt! Und dann verstehen wir: es ist diese kraftvolle Energie, die für mich mein Leben erschafft – solange ich genau diese Energie zunächst in mir erschaffe. Die Weisen meinen dazu: "Das ist die einzige Arbeit, die sich auf ewig lohnt!"

Jedem einzelnen Menschen steht das unerschöpfliche Energiepotenzial des Kosmos zur Verfügung. Da auch jeder einen freien Willen besitzt, steht es jedem frei, bewusst zu wählen, diese einzigartige Fülle zum eigenen Wohle und damit zum Wohle aller zu nutzen.

Ein Leben in stetiger Verbindung mit der universellen, Höchsten Kraft, beschert uns konstanten Energieaufbau, und damit neue Ein-Sichten, erweiterte Perspektiven, nie zuvor gekannte Kapazität. Es beinhaltet die verlockende Chance, auf die Goldmine des eigenen Lebens zu treffen, wie immer sie aussehen mag. Es schenkt uns die durch nichts zu ersetzende Erfahrung, der klare und bewusste Schöpfer des eigenen Lebens zu sein, im Einklang mit Herz und Seele, mit unserer Höheren Natur.

Ein Leben nur aus der menschlich-persönlichen Kraft, ohne scheinbares Risiko, ohne sich auf Neues, noch Unbekanntes einzulassen (das vielleicht doch nicht funktioniert) bedeutet auch immer fortgesetzten, schleichenden Energieverlust: ein Leben ohne mögliche Höhen, dafür in scheinbarer Sicherheit.

Wie nun können wir beginnen, uns in unser höchstes Potenial aufzuschwingen? Es gibt sicher viele unterschiedliche Möglichkeiten, die alle zum gleichen Ziel führen.

Hier sei eine Methode vorgestellt, die sich bereits seit vielen Jahren in der Praxis bewährt hat und als unterstützende Maßnahme verstanden sein will. Tragendes Moment für jeden Energieaufbau ist die konstante und täglich vielfach wiederholt ausgedrückte, bewusste Entscheidung, die eigene Lebensenergie aus Liebe zu sich selbst zu vermehren und zu optimieren, um erstaunt zu erkennen, dass das Leben Freude sein kann, und dass wir dazu geschaffen sind, glücklich zu sein.

Vielleicht ist uns das zu Beginn nicht jeden Moment klar, aber immer öfter! Je virtuoser wir unsere Energie auf- statt abbauen, umso leichter lösen wir uns von all unseren täglichen Nöten, vergangenen Schmerzen und Enttäuschungen, werden schnell bewusst und kraftvoll, finden unser volles Potential um endlich aus dem Vollen zu leben!

Stabil und zentriert, laufen nicht nur all unsere Beziehungen leichter und müheloser, sondern das befreite Herz beschenkt uns mit Frieden, stiller Heiterkeit, Ruhe und Frohsinn. Von dieser stabilen Basis, einer Fülle an Energie, können wir alles erreichen, was wir anstreben und wirken zudem auf unsere Umgebung wie ein Magnet. Ebenso wie Druck Gegendruck erzeugt, zieht jeder Ausdruck von Liebe noch mehr Liebe an, bis wir von Liebe überfließen: zu unserer Wonne und zum Wohle aller.

Um den Anfang zu finden und die ersten, manchmal mühsamen oder frustrierenden Schritte auf diesem Weg zu begleiten, gibt es die Ladakh-Essenzen. Sie unterstützen unser Wieder-Anknüpfen, unsere ersten, noch wackeligen Schritte, wirken stabilisierend, ermunternd und energieaufbauend. Sie sind wie ein Geländer, an dem wir uns orientieren und festhalten können. Sie enthalten die unverfälschte Kraft des keimenden Samenkorns ebenso, wie sie die Informationen einer nahezu unberührten, höchst kraftvollen Erde tragen; also einen ursprünglich reinen Zustand: Einheit, Harmonie, Paradies, Geborgenheit, Angekommensein. Unser natürlichster Ur-Zustand fernab aller gesellschaftlichen Normen, übernommenen Vorstellungen und Mustern, persönlichem Vorteilsdenken, den Anhaftungen der Polarität. Freiraum, Spielraum! In diesem freien inneren Raum kann ich endlich ICH selbst sein, mich angstfrei austoben und ausprobieren, ohne das Gefühl, letztlich doch immer begrenzt zu sein.

Die Entwicklung der westlichen Welt in eine eher materiell ausgerichtete Einseitigkeit bedarf immer dringender des harmonisierenden Gegenpols, um die scharfen Gegensätze zu einen. In diesem Sinne sind die Ladakh-Essenzen pure Nahrung: Vitamine für die Seele und füllende Liebe für das gestresste Herz. Erlauben wir dieser Energie bewusst, in uns und für uns zu arbeiten, werden sich Lösungen finden, die der rationale Verstand nicht finden kann.

***

Die Reise führte mich zu den unberührtesten und entlegendsten Orten, die uns heute auf diesem Planeten geblieben sind, sie dokumentieren überdeutlich durch ihre einmalige Atmosphäre die tiefe Bedeutung der uralten Weisheiten, die Menschen, wenn sie sie achten, über Hunderte von Generationen ein glückliches und erfülltes Leben garantieren.

Auf den Höhen des Himalaya hat der Mensch noch nicht in die Natur eingegriffen, und sie aus einem Gefühl von Überlegenheit zum persönlichen Nutzen verändert. Dort atmet die Welt noch in ihrem ursprünglichen Zustand. Die allmächtige, liebevoll fürsorgliche Gegenwart eines übergeordneten Wesens ist für alle Bewohner, wie auch für jeden Besucher, ständig erfahrbar und die Menschen dieser Region sind auf sehr selbstverständliche Weise eins mit ihr. Sie achten und behüten voller Liebe die genialste Methode, um die Bedürfnisse ihres Herzens zu befriedigen und wenden sie nahezu in jedem Moment an. Sie wissen: "Wir sind in Seiner Hand und können daher auch niemals tiefer fallen, als in Seine Hände. Wir sind immer und unausweichlich geliebt. Wir sind Eins." Jeder Stein, jede Blume, jedes Tier, jeder Weg, jede Wiese, jedes Kornfeld erzählt von dieser Wahrheit. Einfach Alles atmet dieses Wissen seit Ewigkeiten ein und aus, das wir "Gottvertrauen" nennen. Natürlich tragen auch die Pflanzen des Himalaya in sich diese ewige Wahrheit, besonders die Heilpflanzen.

In dieser großartigen Einfachheit können wir alle wurzeln, sie spricht zu uns, nährt uns und berührt unsere Herzen. Vielleicht waren wir für eine Weile unseres Lebens zu beschäftigt, um diese leisen Töne zu hören, aber wir können uns jederzeit wieder an sie erinnern, können den Impuls aufnehmen um wieder die mächtige, kreative Kraft zu fühlen, die nur darauf wartet, von uns und für uns befreit zu werden.

Die einzigartige Ausstrahlung der von den Einheimischen als "heilige Region" benannten Bergkuppe, auf der die Ladakh-Essenzen geboren wurden, empfand ich so: unberührter, niemals zuvor erlebter Frieden, grenzenlose Freiheit, herzerfüllende Stille, natürliches, respektvolles Miteinander aller Lebewesen, der würdevoll wissende, behütende Umgang der Einheimischen mit der Natur und die grandiose Schönheit dieses heiligen Berges. Die ungebrochene Kraft der Erde und des Himmels, das Einssein der beiden, ließen uns sprachlos werden. Wir hatten das Gefühl, als sei Gott direkt bei uns, als seien wir im Himmel. Wir fühlten gemeinsam das Gleiche: wahres Heilsein. Erfahrbar gewordene, göttliche Wirklichkeit. Hier erfuhr ich, was mir später der Mönch ausführlich erklärte: Alltag und innere Welt sind nie wirklich getrennt, sondern immer durch den Frieden in unserem Herzen verbunden.

Die dort wachsenden Kräuter nehmen diese Schwingungen in sich auf und schenken sie an uns weiter, wenn wir sie als Heilkräuter anwenden. Die fühlbare Existenz dieser wundervollen, ewigen Wahrheit wurde nach dem Vorbild der Bachblüten auf reinstes Quellwasser durch die Kraft einer vom wolkenlosen Himmel strahlenden Sonne übertragen. Unsere stillen Dankgebete und die spontane Freude an diesem Wunder der Schöpfung flossen mit ein. Ganz sicher aber auch der Segen des Himmels.

Energieaufbau und deren Überfluss muss auf der geistigen Ebene beginnen, nur dann wird es uns möglich sein, auch auf der materiellen Ebene dauerhaft das Gleiche zu bewirken. Wenn wir weiterhin allein, lediglich aus unserer persönlichen, menschlich-beschränkten Kraft leben, tun wir das Normale: wir addieren lediglich (und verausgaben uns dabei). Leben wir jedoch gemeinsam, also in Verbindung mit der Kraft des Höchsten, dann beginnen wir, das Natürliche zu tun: wir multiplizieren endlich. Es ist, als hätten wir nach ewiger Zeit wieder die lang gesuchte Steckdose entdeckt und würden nun den bisher scheinbar so nutzlosen Stecker wieder hineinstecken. Da wir das Ergebnis "gesundes, glückliches, erfülltes Leben" erreichen wollen verstehen wir auch, dass beide einfach zusammengehören (der Mensch als Person sowie seine Höhere Natur, die Seele) und lassen deren Trennung voneinander nicht mehr zu.

Wir erkennen: Aus dieser Quelle zu empfangen ist unendlich heilend. Einfach nur annehmen ist natürlich! Und genau das haben wir nicht gelernt. Unser inneres Programm wiederholt pausenlos "geben", "sich anstrengen", "durchhalten", "sich beweisen", wenn es sein muss, bis zum Umfallen. Wo ist da die Balance? Wir üben nun, die höhere, freie Energie in uns aufzunehmen, nähren uns und setzen sie wieder ein: für uns selbst und damit auch für alle anderen. Die natürliche Ordnung ist wieder hergestellt, die göttliche Kraft darf wirken.

Wenn es Ameisen möglich ist, Pilze zu klonen, zu was werden wir Menschen, im selbst erschaffenen, energetischen Überfluss fähig sein? Was könnten wir, auf diese liebevolle, kraftvolle und friedvolle Weise gestärkt, für uns, unser ganz normales, alltägliches Leben und für die Welt bewirken? Wir könnten beginnen, die Erde wieder in das Paradies zurück zu verwandeln, das sie einst war. Wollen wir das? Den Anfang finden wir ins uns. Wenn wir wieder Frieden sind, wird er auch außen möglich werden.

Die Ladakh-Essenzen können und wollen gerne mit Ihnen neue Prozesse einleiten: Herz öffnen, aufbauende Gefühle erschaffen, klare Entscheidungen finden, die zu kraftvollen Ergebnissen führen! Seien Sie versichert: es bringt täglich mehr Spaß! Ihnen und allen anderen in Ihrem Leben!

3. Die Reise

Es liegt ein Geheimnis über dem Himalaya und seinen Bewohnern. Seine Abgeschiedenheit, die Unwegsamkeit, seine in allen Farben schillernden Felsen, die Stille, aber auch seine krassen Gegensätze: die unendlich langen Winter, in denen das Thermometer auf –40° C fällt und die Einwohner für mindestens acht Monate von der Umwelt abgeschlossen leben. Kurze, heiße Sommer, bei tiefblauem Himmel und bis zu 37° C Hitze markieren das andere Extrem. Ein Land der extremen Polaritäten, so scheint es.

Doch das stimmt nur bedingt. Die Menschen, die unter diesen Bedingungen leben, sind so ausgeglichen und herzlich, so offen und lebenslustig, so hilfsbereit und jederzeit willens, dem Fremden mit Freuden ihren allerletzten Becher Yak-Milch zu schenken, dass sich mir schnell die Frage aufdrängte: "Wie machen sie das? Wie können sie so fröhlich und freigiebig sein, wo sie doch selbst nichts haben? Fühlen sie etwa keinen Mangel? Warum sind sie nicht unzufrieden? Was haben sie denn schon?" Wie sich bald herausstellte, haben sie das Allerwichtigste: sich selbst, und zwar vollkommen.

Ladakh liegt zwischen den beiden höchsten Gebirgszügen der Welt: dem Himalaya im Süden und dem Karakorum im Norden. Von seinen 96.000 Quadratkilometern sind über 38.000 unter chinesischer Herrschaft. Lediglich 217 Quadratkilometer eignen sich für die landwirtschaftliche Nutzung. So sind etwa 96 % seiner Fläche für die Ladakhi nicht bewohnbar, ebenso wenig für ihre Tiere, zumal die Berge zwischen 2.900 m und 5.900 m hoch sind, der höchste Gipfel ragt 7.000 m in den Himmel. Der Boden ist dürr und eher unfruchtbar, die Jahresmenge der Niederschläge liegt bei nur 92 mm. Ein unwirtliches Land – so scheint es auf den ersten Blick – und doch eine Wohnstätte für geistige Meister und Heilige.

Ladakh ist geografisch einmalig: Seichte Täler liegen zwischen schroffen Felsen. Die höher gelegenen Täler (ab 3.500 m), in denen Schnee für gute Feuchtigkeit des Bodens sorgt, sind der beste Platz für die Bauern, die auch die Höhe von 4.000 m nicht scheuen, um Gerste anzubauen. In diesen Höhen lassen die extremen winterlichen Temperaturen, der niedrige Sauerstoffgehalt der Luft, die hohe ultraviolette Strahlung und das begrenzte Wasser das Leben der Bewohner zu einer fortgesetzten Anstrengung werden, die sie jedoch niemals davon abhalten kann, sich täglich über ihr Leben zu freuen.

Die gesamte Bevölkerung zählt nur 105.000 Ladakhis, sie wächst fast gar nicht, weil die Fruchtbarkeit von Männern und Frauen wegen der harten Lebensumstände sehr niedrig ist und die Sterblichkeitsrate der lebend geborenen Babys dagegen vergleichsweise hoch.

Unter derartigen Begleitumständen zu leben, hat die Menschen verändert. Sie haben einzigartige Fähigkeiten entwickelt. Ihre Körper sind unglaublich widerstandsfähig, ihre Bewegungen achtsam und behände zugleich. Sie bewegen sich wie grazile Bergziegen im unwegsamsten Gelände und werden auch bei Tagesmärschen von zehn und mehr Stunden nicht müde. Aus der Sicht des westlich geprägten Besuchers haben sie ihre geistigen Kräfte auf ein äußerst hohes Niveau entwickelt: Viele sind "normal" hellsichtig und es ist ebenso natürlich, sich telepathisch zu verständigen. Sie wundern sich, dass sich die Besucher wundern. Wieso denn? "Die Schöpferkraft tut ihre Werke durch unsere Körper und unseren Geist. Ihre Heimat ist unsere Seele. Das wisst Ihr doch auch, oder?" fragen sie und blinzeln vor Freude. Sie empfinden sich als den verkörperten, Fleisch gewordenen Ausdruck des Großen Ganzen, niemals getrennt von dieser alles umfassenden, alles durchdringenden Kraft. Mangel empfinden sie nicht - alles ist in Balance.

Oberflächlich betrachtet ist Ladakh ein armes Land – so erstaunt und erfreut es umso mehr, die Frauen mit Juwelen geschmückt zu sehen. An Festtagen tragen sie schwere Ketten aus Gold und Silber, viele verschiedene Ringe an den Fingern, und ihre Hüte sind mit Hunderten von Türkisen bestickt. Sie feiern gerne, halten fest und eng zusammen, achten und ehren einander und sind immer füreinander da, seien die Umstände auch noch so widrig. Sie fühlen die Gewissheit in ihren Herzen, Eins zu sein mit allem, was geschieht. Daher kennen sie weder "gut" noch "schlecht". So, wie es ist, wählt es der Geist, der sie beseelt. Und dieser Geist ist immer Liebe und handelt immer aus Liebe – auch dann, wenn es die Menschen nicht sofort verstehen können. Das alles glauben sie nicht, sondern sind sich dessen gewiss, jenseits aller Zweifel.

Alle Reisenden, die über Jahrhunderte hinweg dieses Land besuchten, haben es immer wieder als "Das Land des Lächelns" beschrieben. Ich kann diesen Eindruck nur bestätigen. Aber es ist kein oberflächliches Lächeln, nichts Aufgesetztes, nach dem Motto: "Wie's drinnen aussieht, geht niemand was an". Dieses Lächeln bewerkstelligen nicht nur die Gesichtsmuskeln – nein – das Gegenteil ist der Fall. Dieses Lächeln kommt direkt aus dem Herzen, die Augen strahlen und funkeln so glänzend und warm, dass jeder die Wärme im eigenen Herzen fühlt. Wenn mich dieses Lächeln begrüßte, lächelte ich nicht nur "mal schnell" zurück.

Eine starke, liebevolle Kraft hieß mich, stehen zu bleiben, um im Lächeln des anderen zu versinken, mein immer wärmer werdendes Herz zu fühlen, auf die gleiche Weise zurückzulächeln und mich in diesem Zustand oftmals für Minuten schlicht und ergreifend selbst zu vergessen. Es schien mir mitunter eine Ewigkeit, die ich im Kreislauf des Lächelns verbrachte, um mit einem anderen Menschen, dessen Sprache ich nicht verstand und den ich niemals zuvor gesehen hatte, in gegenseitigem Respekt und Anerkennung zu verweilen und dann nur noch Liebe zu fühlen. Eine Liebe die gar nichts wollte, die einfach nur da war, mich einhüllte und streichelte und mich daran erinnerte, die Seele hinter diesem Lächeln lange, lange zu kennen. Eine Erinnerung an das Eins-Sein.

Während wir mit den Augen Verbindung aufnahmen, wurde ihr Strahlen immer heller, immer intensiver. Ich hatte nicht selten das starke Gefühl, dass diese Augen gar nicht braun waren, sondern dass mir pures Licht entgegen strahlte. Ein Glanz, der nicht von dieser Welt zu sein schien, und doch meinem Herzen so vertraut. Hell, warm, liebevoll und frei von allen Erwartungen oder Wertungen, so dass ich mich nur zu gerne diesem Gefühl überließ und mich "im Himmel" wähnte; ganz so, wie ich es als Kind oft gefühlt hatte: reine, ungetrübte Freude, volles Vertrauen in das Leben selbst.

Die Offenheit und Wärme der Begegnungen überstieg meine kühnsten Erwartungen. In Gesellschaft dieses Naturvolkes konnte ich jeden Moment erleben, wie sie die ererbten Weisheiten leben und ganz selbstverständlich für ihre spontane Lebensfreude nutzen. Ich gewann eine tiefe Hochachtung vor den Hütern und Bewahrern dieser uralten für alle Menschen geltenden Weisheiten und ein tiefes Verständnis für ihre natürliche Würde, die in Dankbarkeit und Weisheit wurzelt und Quelle ihrer elementaren Zufriedenheit ist. Die Komplexität dieses völlig natürlich angewandten Urwissens nannte ich später den "Ladakh-Instinkt".

Diese himmlischen Treffen, wie ich sie insgeheim nannte, fanden fast bei jeder Begegnung statt, besonders bei den Sprechstunden, welche die tibetischen Ärzte fast täglich an unserem neuen Rastplatz abhielten.

Obwohl es keine telefonische Verbindung gibt, wussten die Menschen der kleinen Dörfer, in denen wir rasteten, bereits lange vor unserer Ankunft, wann wir auftauchen würden. Eine handgewebte, riesengroße, farbenfrohe Decke war dann ausgebreitet, links saßen die Männer, respektvoll aufgereiht nebeneinander und rechts die Frauen, ebenfalls eine hinter der anderen. In der Mitte der Decke war das "Sprechzimmer". Dort nahm dann einer der Ärzte Platz und wir durften hinter ihm sitzen, um zuzusehen, wie er die Diagnose stellte und uns anschließend erklärte, warum er eine spezielle Therapie wählte und wie er die Heilungschancen einschätzte. Wir durften Fragen stellten und die Ladakhis hatten große Freude an unserem Interesse.

Später dann, während des abendlichen Zusammenseins, wurden uns die heimatlichen Pflanzen und deren Wirkungsweisen erklärt, ebenso wie die Kräuter-Mischungen, die die Ärzte häufig mit Erfolg anzuwenden pflegen. Mitunter kam es vor, dass ein Mitglied unserer Gruppe kränkelte. Die Ärzte waren stets sofort zur Stelle und mehr als einmal erstaunten mich die blitzartigen Ergebnisse derart, dass ich bereit war, an Wunder zu glauben. Ich selbst wachte zu Beginn einer Etappe einmal vor lauter Übelkeit schweißgebadet auf. Sofort war einer der Ärzte bei mir, erstellte seine Diagnose in weniger als einer Minute, gab mir ein grün-braunes Kügelchen mit etwas Wasser, lächelte und meinte, in einer Stunde würden wir aufbrechen. Bereits nach einer Viertelstunde war ich wieder fit.

An einem heißen Tag war ein zehnstündiger Marsch über mehrere Pässe zu bewältigen, es ging immer weiter aufwärts und mir wurde die Luft sehr knapp. Der Rucksack schien immer schwerer zu werden und meine Beine fühlten sich gar nicht mehr wie meine Beine an. Sie liefen zwar noch, waren aber auf geheimnisvolle Weise von meinem Willen abgetrennt. Ich dachte immerzu: "Jetzt falle ich einfach um. Ich geh nicht mehr weiter. Ich bin am Ende." Meine Beine folgten diesen Gedanken nicht. Ich sah ihnen zu, wie sie weiterliefen. Wie von einem unsichtbaren Faden gezogen überwand ich Pass um Pass, es schien einfach kein Ende zu nehmen. Endlich war die letzte Höhe überwunden, und es ging abwärts.

Nur wenige Meter von mir entfernt hockten ein paar Bergbauern um ein Feuerchen in einer windgeschützten Mulde, den in diesen Höhen unentbehrlichen Teekessel gerade in der Hand, um Buttertee in den einzig verfügbaren Blechbecher zu füllen. Sie sahen mich an, winkten und luden mich ein, bei ihnen zu sitzen und ihren Tee zu genießen. Ich kann nicht behaupten, dass Buttertee eine meiner großen Leidenschaften ist, aber das Leuchten der vielen Augenpaare zog mich magisch an.

So hockte ich mit weichen Knien bei ihnen am Feuer, den warmen Buttertee in meinen zittrigen Händen, ab und zu gedankenverloren aus dem einzig vorhandenen Becher Tee schlürfend. Meine Augen wanderten von einem zum anderen – immer fand ich dieses Strahlen, diesen unbeschreiblichen Glanz. Es war ein Geschenk – ich wusste es wohl – und war zutiefst bewegt von der Kostbarkeit dieser kleinen Ewigkeit, die ich in den leuchtenden Augen dieser Menschen verbringen durfte.

Ich war trotz der abendlichen Kühle so versunken in diesen Genuß, dass ich gar nicht bemerkte, wie das Feuer langsam schwächer wurde und meine Gastgeber immer noch keinen Tee getrunken hatten. Peinlich berührt von meinem Egoismus, wollte ich mich nach deutscher Manier für meinen fauxpas entschuldigen. Aber das herzlich warme Lachen, das aus vielen Kehlen quoll, zeigte mir überdeutlich, dass diese Männer völlig andere Gedankengänge verfolgten. Für sie war es nur natürlich, dass sich die Fremde (in diesem Fall ich) ausruht und stärkt, mein Genuss war ihr Genuss. Zeit spielt hier keine Rolle. Ladakh ist ein Land, im dem ich eine Ahnung von der Ewigkeit erhaschte.

Wenn wir abends in der Nähe einer kleinen Siedlung unsere Zelte aufschlugen, kamen die Bauern, ihre Frauen und Kinder herbei gerannt. Sie standen im Kreis um uns herum und bestaunten andächtig den Inhalt unserer Rucksäcke. Ungefragt halfen sie uns niemals – aber ein einziger Blick in die Augen eines Umstehenden genügte, und schon waren sie bereit zu helfen. Sie berührten niemals unsere mitgebrachten Utensilien, ohne vorher über Blickkontakt um Erlaubnis zu fragen und zogen sich schon zurück, bevor wir es nur gedacht hatten. Ihre ausgeprägte Feinfühligkeit, ihr selbstverständlicher Respekt, der niemals auch nur im Ansatz unterwürfig war, und die natürliche Würde, die sie ausstrahlten, haben mich immer wieder fasziniert. Ich habe mich oft gefragt, wie es wohl wäre, das Leben bei uns in Deutschland und in der übrigen westlichen Welt, wenn wir auch so miteinander umgehen würden?

Der vorletzte Aufstieg in neue Höhen stand uns bevor. Noch einmal schlafen, Kraft sammeln um am nächsten Morgen auf über 5.000 Meter zu steigen. Es war ein herrlicher Sonnenuntergang, zu schön eigentlich, um die Zelte aufzuschlagen. Aber die Dunkelheit bricht schnell herein und so war Eile geboten.

Ich öffnete etwas hastig meinen Rucksack und heraus fiel mein weißes Baumwoll-Kopftuch mit kleinen, blauen Streublümchen und vielen, eingewebten Silberfäden, die in der untergehenden Abendsonne zu glitzern begannen. Eines der umstehenden jungen Mädchen konnte den Blick nicht mehr losreißen. Sie schaute auf dieses Kopftuch mit einem so unbeschreiblich staunenden Blick, dass ich es nahm und ihr reichte. Sie verstand mich nicht. Ich legte es in ihre Hände. Ihr ungläubiges Staunen in den Augen berührt mich noch heute, wenn ich daran denke. Sie verharrte ohne jede Bewegung. In ihren Augen las ich nur die eine Frage: "Ist es wirklich wahr?" Ich nicke. Sie nimmt ihre Hände, die das Kopftuch halten, an ihr Herz, dreht sich um und rennt so schnell sie kann in der Dämmerung davon. Ich freue mich, dass sie sich freut. Viele Stunden später, ich liege schon in meinem Zelt und bemühe mich Schlaf zu finden, höre ich ein kratzendes Geräusch außen am Zelt. Ich schaue hinaus und dort steht sie – das junge Mädchen und hält mir mit strahlenden Augen und blitzenden Zähnen eine Schale Dickmilch hin. Es ist ihr Geschenk an mich. Das ist alles, was sie hat. Ohne eine solche Gabe könnte sie mein Geschenk nicht behalten. Wie ich vom Übersetzer erfahre, ist in dieser Schale ihr eigenes Nachtessen. Aber sie ist glücklich, es mir zu schenken. Sie verzichtet nicht, sie schenkt aus einer inneren Fülle und es kümmert sie nicht, dass ihr Magen heute Abend nicht gefüllt wird. Selten bin ich so beschenkt worden.

Am nächsten Morgen bauen wir in aller Frühe die Zelte ab. Gerade spitzelt die aufgehende Sonne hinter den Bergen hervor und es ist noch sehr kalt. Stille liegt über den Bergen, die so intensiv ist, dass sie jede einzelne Zelle in mir erreicht. Die Ahnung eines besonderen Tages steigt in mir hoch und die Freude, die mir seit Wochen aus jedem Augenpaar, dem ich begegne, entgegenblitzt, regt sich spontan in mir. Eine mächtige Energie bewegt mich. Vorbei sind die Stunden, in denen ich dachte, ich würde den nächsten Pass nicht mehr überstehen. Vorbei diese Müdigkeit, weit hinter mir die wertenden oder kritischen Gedanken. Ich entdecke ein Phänomen: Ich bin so freudig, so zufrieden, so einig mit mir, dass ich selbst mit allergrößter Anstrengung nicht fähig bin, einen kritischen Gedanken zu denken. Es geht einfach nicht. Mein Verstand weigert sich beharrlich. Wie herrlich, denke ich. Das werde ich mir merken. Es muss auch funktionieren, wenn ich wieder zu Hause bin.

Die Etappe beginnt. Ein schmaler Weg führt zunächst ins Tal, wir überqueren einen Fluss, der kaum noch Wasser führt und ich finde es lustig, von Stein zu Stein zu hüpfen. Dann führt uns der

Weg steil bergauf. Sagte ich Weg? Eine Route, die über riesengroße Fels-brocken führt, dann für kurze Zeit in einen schmalen Pfad einmündet, selten abwärts, meist sehr sehr steil nach oben führt. Die Luft wird dünner – das Atmen fühlt sich eigenartig kurz an. Anhalten, etwas Wasser trinken. Die Sonne brennt jetzt gnadenlos heiß vom Himmel und die Felsen ringsum wirken wie ein Backofen. Mein Körper empfindet die Anstrengung kaum noch. Ein seltsames, automatisches Laufen hat eingesetzt. Fuß vor Fuß – langsam und stetig – nicht denken, das kostet ohnehin nur Kraft, sondern lediglich schauen und genießen. Manchmal öffnet sich der Blick ins Tal auf die Felder, die saftig grün zu uns heraufleuchten. Intensiv grüne Gerstenfelder, der Stolz der hiesigen Bauern.

Obwohl der Weg steil und schwierig ist, kommen wir schnell voran und sind schon am späteren Nachmittag auf unserem Rastplatz angekommen.

Ein Plateau auf fast 5.500 Metern Höhe mit einer Wiese, wie ich sie nie zuvor gesehen habe. Das Gras strotzt geradezu vor Kraft und die vielen, unterschiedlichen Blumen und Kräuter blühen so kraftvoll, dass ich es "laut" nennen möchte. Wir stehen am Rand der Wiese und niemand setzt einen Fuß hinein. Wir können die Pflanzen bei der Arbeit hören – sie wollen schnell wachsen und ihre Samen bilden, denn der Sommer ist sehr kurz. Es herrscht ein derart intensives Leben und Gedeihen in dieser Wiese, dass es uns alle fesselt. Viele der Pflanzen erkenne ich wieder – weiß um ihre Kraft und Wirkung und ich bin begeistert, sie hier oben wachsen zu sehen.

Wir stehen und staunen. Andächtig angesichts einer Kraft, die still ist und so intensiv, dass das Herz scheinbar immer lauter schlägt. Die Farben der Blüten sind unbeschreiblich intensiv, wir sind ergriffen von dieser einmaligen Pracht und jeder von uns versinkt in andächtiger Bewunderung.

Der Mönch, der uns auf dieser Reise als Arzt begleitet, steht plötzlich neben mir und schaut mich an. "Kannst du fühlen, dass alle diese Pflanzen EINS sind? Kannst du fühlen, wieviel mehr Kraft jeder einzelne von ihnen dadurch erfährt, dass sie zusammenwirken? Kannst du fühlen, dass du das Geheimnis des vollkommenen

Lebens vor dir siehst? Verstehst du nun, warum wir alle hier uns entschieden haben, genauso zu leben? Unser Herz ist immer offen für die Kraft, die Alles durchwirkt. Deshalb sind unsere Herzen stark, voller Liebe und Mitgefühl. Diese Gefühle heilen: Pflanzen, Tiere, Menschen, ja sogar Nationen. Wir wissen, dass es so ist. Schau genau hin, dann weißt Du es auch! Deshalb leben wir so: gemeinsam, geistig verbunden, Frieden vermehrend und Fülle erschaffend, wovon wir alle wieder atmen und uns nähren. In jedem Moment, mit jedem Atemzug treffen wir bewußt die Vorbereitungen für die Zukunft. Wir ersehnen sie niemals, denn das bringt nichts. Wir erschaffen sie einfach."

Niemand spricht ein Wort. Wir bauen schweigend unsere Zelte auf, essen ebenso schweigend unser Nachtessen und verschwinden früh ins unseren Zelten. Wir schweigen – weil es nichts zu sagen gibt. Wir sind von einer Weisheit, einem alles umfassenden Lebensgefühl umgeben und durchdrungen, das jedes gesprochene Wort überflüssig macht. Ich liege lange wach. Schlafen ist in diesen Höhen für mich ohnehin ein Kunststück. Die Luft ist so dünn, das Land so unberührt und frisch, dass sich Schlaf nur für zwei bis drei Stunden einstellt. Mehr will mein Körper gar nicht haben. Dennoch bin ich morgens fit und bereit für neue Höhen. Ich erkenne mich selbst nicht wieder. Ich liege in meinem warmen Schlafsack und lausche in die Stille. Nichts. Gar nichts rührt sich, weit und breit. Tiefe, heilige Stille.

Dann weiß ich es plötzlich. Hier, auf diesem Plateau, von dieser Wiese wollen Pflanzen-Essenzen mit nachhause genommen sein. Diese einzigartige, ursprüngliche Schwingung von stiller Freude und kraftvoller Präsenz lädt mich ein, sie einzufangen. Das in diesen Heilpflanzen enthaltene Energiepotenzial lässt sich erschließen, das verborgene Kraftpotenzial, das sie über die Wurzeln, Stengel und Blätter in der Blüte komprimiert als Information tragen, will auch für uns in Europa Ausgleich, Frieden und Freude bringen. Für all diejenigen, die dieses Erlebnis nicht haben. Für all diejenigen, die diese pure Kraft nicht erleben, sie jedoch ebenfalls brauchen. Für alle, die den Ursprung des Seins, den ich hier finde und fühle, auch wieder empfinden, sich ebenfalls wieder erinnern wollen: Das, was sich nicht in Worte fassen lässt. Was nicht beweisbar ist. Und nicht sichtbar. Aber so präsent und mit allen Sinnen fühlbar, dass es keiner Worte mehr bedarf. Es ist diese Art Nahrung, die jeden Menschen aufbaut und bis ins tiefste Innerste erquickt und labt. Es ist diese Art voller Vertrauen gelebter Instinkt, den wir daheim dringender denn je revitalisieren dürfen, um uns wieder mit unserer Höheren Natur, mit der Kraft unserer Seele zu verbinden. Hier finden sich die Antworten auf all unsere offenen Fragen. Hier sprudelt die Quelle der Inspiration, die uns neue Wege weisen möchte, Lösungen bereit hält, die der rationale Verstand vergeblich sucht.

Das Einzigartige, in Worten Unfaßbare, lässt sich wie in einem Schatzkästchen aufheben: in Form von Blüten-Essenzen. Meine Seele jubelt dankbar und tiefes Vertrauen erfüllt mich. Jetzt weiß ich "im Stillen", dass der morgige Tag für dieses Vorhaben wie geschaffen sein wird und ich danke meiner inneren Führung, die mich noch in Deutschland dazu ermahnte, Petri-Schalen und Phiolen in Kleinformat mit auf diese Tour zu schleppen. Die Vorfreude bewegt mich so sehr, dass ich schon beim ersten Morgengrauen aus meinem Zelt krabble.

Ich suche eine Quelle. Ob es hier eine Quelle gibt? Ich wandere hinunter zum Bächlein und folge einfach meinem Gefühl. Nach einer Weile plätschert es deutlich vernehmbar und da ist sie auch schon: eine kleine Quelle. Klares, eiskaltes Wasser, sprudelt mir aus dem Fels entgegen. Ich trinke mich satt, wasche mir mein Gesicht und reinige die Hände, fülle dann genügend Wasser ab und wandere gemächlich zurück zum Lager.

Es ist hell geworden, aber die Sonne ist hinter den hohen Bergen noch nicht sichtbar. Ich geselle mich wieder zur Wiese. Ich darf mit den Pflanzen einige Momente ihres Schöpfungsprozesses teilen und verspüre die Einladung, der Erschaffung ihrer Pracht beizuwohnen. Dabei versuche ich herauszufinden, welche Blüten bereit sind, mit mir nach Deutschland zu reisen. Welche Schwingung wird gebraucht? Wie soll ich wählen? Ich bitte um Eingebung und verweile genüsslich und voller Vertrauen am Rand "meiner" Wiese. Die hochaktiven Pflanzen, die ihr Wachstum so vehement betreiben, lassen mich nachdenklich werden. Wie sähe die Welt aus, wenn wir es ebenso hielten?

Als die Sonne über den Gipfeln erscheint, stelle ich die Petrischalen mit Quellwasser am Rande der Wiese bereit und warte. Dann ist es soweit. Mit der Pinzette nehme ich die Blüten entgegen, die sich mir schenken wollen und lege sie jeweils in eine der bereitgestellten Schalen. Es werden dreizehn. Eine Zahl, die mich erinnert. Zwölf und Einer. Ich bitte das Licht der Sonne, die tief im Wesen der Pflanzen ruhenden Heilkräfte als Information auf das Quellwasser zu übertragen und bete zu meinem Schöpfer um Hilfe und Seinen Segen.

Ein Tag voller Wunder! Der Himmel ist wolkenlos und die Sonne strahlt mit all ihrer Kraft in die Petrischalen. Den ganzen Tag über sitze ich am Rand der Wiese, habe ein Heft zum Mitschreiben bereit und lausche der leisen, inneren Führung. Ab und an schreibe ich.

Die Freunde kommen und fragen, was ich dort Seltsames zubereite. Ob es mir gut gehe, denn sie hätten mich beim Frühstück nicht gesehen. Ich weiß nichts von Hunger. Sprechen ist unmöglich. Aber lächeln kann ich. Sie verstehen, setzen sich zu mir und schweigen. Wir lauschen den Pflanzen: Ein vielstimmiger Gesang, ein Summen, Jubilieren. Es ist der stillste und intensivste Chor, dem ich jemals lauschte. Er singt das Lied der Freude auf die Kraft der ewigen Schöpfung. Freude darüber, sich immer wieder, jeden Moment erneut, selbst erschaffen zu können. Dankbarkeit dafür, sich jeden Augenblick erneut am Erschaffen zu erfreuen. Und noch einmal verstehe ich: Diese Pflanzen leben und wachsen in der Freude, sind ein vollkommener Ausdruck der reinsten Schöpferkraft.

Sie erinnern uns laut und deutlich, dass wir das Gleiche können. Wenn wir wollen. Wenn wir uns wieder erinnern, wie Leben geht. Auch ich kann wie diese Pflanzen sein – mich auf die gleiche, kraftvolle Weise selbst zu höchster Blüte aufschwingen, mich täglich vehement darum kümmern.

Gegen Nachmittag kommen die ersten Wolken auf. Die Essenzen sind bereitet! Sie werden die Fenster zu unseren inneren Welten öffnen, aus deren unerschöpflicher Energie und Information jeder Einzelne seine ersehnte friedliche, glückliche Zukunft erschaffen kann! Wenn wir das Zeitalter eines niemals zuvor dagewesenen Friedens im Geiste der Gemeinsamkeit erleben wollen, dann fangen wir z. B. auf diese Weise an!

Für das dritte Jahrtausend sind diese Ladakh-Essenzen ein Geschenk. Wenn die Energie der Freude wieder in unseren Herzen wohnt, weil wir Raum dafür geschaffen haben, können wir auch unser Leben neu erschaffen, um es endlich so zu gestalten, wie wir es wirklich leben wollen. Wir können uns befreien von alten Illusionen, Sorgen und Nöten, Hunger und Krieg, entscheiden dann, was wir bekräftigen wollen, berichtigen und neu bewirken.

Denn jede Zukunft schlummert nur so lange, bis sie durch unsere frischen, klaren Entscheidungen der Gegenwart zum Leben erweckt wird. Das Leben und die Lebensumstände, die wir auf dieser Erde wiederfinden, sind eindeutig bewirkt durch einen Gruppenprozeß. Wir erschaffen immer das, was wir überwiegend gemeinsam denken.

Was immer wir in unserem Leben schon erreicht haben mögen, es wird verstärkt, intensiviert durch die bewusst gelenkte Fähigkeit, Raum in unseren Herzen zu erschaffen und unser Glück und unsere Freude darüber auszustrahlen. Glück und Freude als fühlbare, göttliche Kraft der immerwährenden Verbundenheit.

Wir warten dann nicht mehr darauf, dass das Leben uns Freude bringt, sondern wir setzen sie einfach frei! Finden ihren Ursprung im Spielraum unserer Herzen wieder. Die Essenzen wollen helfen, die reine, spontan empfundene Energie der Dankbarkeit und Verbundenheit in unsere Herzen zurückzubringen, unser Gott-Vertrauen, unsere Selbst-Sicherheit, die wir als Kinder so gut kannten. Dann sind wir frei. Frei für ein lustvolles, freudvolles, sinnerfülltes und grenzenlos schöpferisches Leben, zum eigenen Wohl und zum Wohle aller. Und das Schönste daran ist: wir haben es nun bewußt und gemeinsam erschaffen. Liebe zieht Liebe an. Frieden zieht Frieden an. Wenn auch nur wenige damit beginnen, werden es immer mehr werden. So verstehen wir auch die Aussage der Weisen des Himalaya: "Das Leben ist ein Fest, das im Herzen gefeiert wird." Ja, es ist ein tägliches Fest! Feiern wir es! Lernen wir, neu zu fühlen, neu zu leben! Denn die Probleme liegen nicht in der Welt, sondern in mir. In Ihnen. In uns allen. Erlauben wir uns ein neues Welterlebnis, das in uns selbst beginnt.

Wenn Sie wollen, können Sie sich von den Ladakh-Essenzen begleiten, beschenken und überraschen lassen.

3.1 Die Ladakh-Essenzen

No. 1
Ca-Gang - Probleme lösen

Viele unserer scheinbaren Probleme entstehen nur, weil wir an uns selbst zweifeln, uns hin- und hergerissen fühlen, uns nicht trauen, eine fällige Entscheidung zu treffen aus Angst, es könnte "die falsche" sein. Sie wissen vielleicht, was Sie tun sollten, aber es fehlt Ihnen an Kraft und Überzeugung, entsprechend zu handeln. Auf Dauer ein zermürbendes Gefühl.

Wenn wir diesen Zustand lange genug erlebt haben und eine Änderung wollen, hilft uns diese Essenz, in ein erfreulicheres Lebensgefühl zu wechseln. Das Herz öffnet sich für die Wahrnehmung tiefer, innerer Freude. Sie schenkt Vertrauen in dieses Gefühl und unterstützt die Bereitschaft, nicht nur mit dem Verstand, sondern auch mit dem Herzen "auf Empfang" zu gehen. Offenheit für alle Sichtweisen entwickelt sich und das Einfühlungsvermögen in Personen und Situationen wird intensiviert. Die Angst, verletzt zu werden, verliert an Bedeutung, während der Wunsch nach mehr Lebensqualität ständig zunimmt.

So können neue, geistige Perspektiven erkannt und erfolgreich genutzt werden. Ein Gefühl, mehr Weite im Brustkorb zu erfahren, breitet sich aus, das Durchatmen fällt leichter und immer leichter. Ein Stein fällt vom Herzen und die jetzt wieder fließende Lebensenergie bringt mehr geistige Wachheit und weniger Druck, innen wie außen. Das erste Bild der eigenen, geistigen Fähigkeiten, die im Inneren auf Entdeckung warten, erscheint und Freude über sich selbst erfüllt das Wesen.

Spontane und unkonventionelle Problem-Lösungen werden sichtbar, bieten sich "plötzlich" an. Mit Übung und etwas Geduld erwächst ein klarer Einblick in Sinn und Aufgabe des Daseins.

Viel Raum im Herzen und Freude über sich selbst und Ihren Erfolg sind das verdiente Ergebnis.

Körperlich hilfreich und unterstützend bei allen Heilungs-Prozessen, sowie bei Enge- und Beklemmungsgefühlen in Lunge und Bronchien.

***

ÜBUNG:

Wenn Sie sich wieder einmal in einer Situation wiederfinden, die Ihnen nicht behagt und die Sie als Problem empfinden, dann fragen Sie sich ernsthaft: "In dieser Situation muss es auch etwas Gutes geben. Etwas, das ich nutzen kann und das mir weiter hilft. Etwas, das ich jetzt verstehen will. Ich werde jetzt das Gute finden, das einen Wert für mich hat und es zu meinen Gunsten einsetzen."

Legen oder setzen Sie sich 5 Minuten hin, legen die rechte oder linke Hand auf die Stirn und sprechen Sie laut: "Alle Macht liegt im Loslassen. Ich vertraue auf die Kraft meiner Basis und auf meine geistige Führung." Sprechen Sie diese Sätze bewusst zu sich selbst, so dass Sie sie wirklich fühlen können. Auf diese Weise schlüpft der Verstand aus den negativen Denkmustern und Sie erkennen Möglichkeiten, fühlen Erleichterung oder können endlich mal wieder aufatmen.

Wir alle wachsen und erkennen am meisten, sei es nun beruflich oder privat, wenn wir die Herausforderung, nämlich das, was wir nicht mögen, konfrontieren. So verwandelt sich das vermeintliche Problem in neue Chancen. "Jede Niederlage ist die Startbahn für den nächsten Erfolg." Die Verwandlung gelingt immer, wenn wir uns mit unserer von Konflikten durchdrungenen Existenz auseinandersetzen und sie akzeptieren, statt sie zu verneinen oder zu bekämpfen. Alles, was ist, ist einfach. Es zu verneinen bedeutet, es zu verstärken.

No. 2
Khur-Mang - Begeisterung wecken

Diese Situation kennen wir alle: Die Flut der Missgeschicke will nicht abreißen. Nichts klappt, nichts will wirklich mühelos gelingen, überall finden sich Steine auf unserem Weg, immer wieder fühlen wir uns von unseren Mitmenschen missverstanden. Es scheint, als ob das Schicksal uns Knüppel zwischen die Beine werfen würde.

In einer solchen Situation lassen wir gerne den Kopf hängen und fühlen uns unfähig, diese momentane Lebenslage zu verändern. Wir fühlen uns deprimiert, und warten vielleicht sogar apathisch auf den nächsten "Schlag".

Die Verbindung mit der inneren Kraft, die immer da ist, auch wenn es uns nicht so vorkommt, wird mit Hilfe der Essenz unterstützt. Wir verbinden uns wieder mit der eigenen, inneren Größe, die ebenfalls nur darauf wartet, wie Dornröschen erweckt zu werden.

Es lässt sich nun leichter erkennen, was glücklich und unglücklich macht. Die innewohnende, noch schlafende Energie wird wach und somit auch wieder der Glauben an sich selbst. Gleichzeitig werden die Wurzeln und Wege erkennbar, die immer wieder in den Selbstboykott führen. Neue Möglichkeiten, dies zu vermeiden, treten deutlich sichtbar vor Augen.

Begeisterung und Lust auf neue Wege werden frei, Selbstbestimmung und Individualität wachsen und gedeihen.

Und das Wichtigste geschieht ebenfalls: Zu lernen, Geduld mit sich selbst zu entwickeln, und das eigene Ziel nicht aus den Augen zu verlieren. Mitunter noch spontan aufsteigende Wut oder Ärger finden rasche Besänftigung.

Viel Raum im Herzen und Freude über sich selbst und Ihren Erfolg sind das verdiente Ergebnis.

Körperlich werden Herz und Haut geschützt, ebenfalls beruhigend für Galle und Magen.

***

ÜBUNG:

Wenn wieder einmal alles schief läuft, halten Sie inne! Schalten Sie Telefon und Türglocke ab, legen Sie eine beruhigende Musik auf und setzen Sie sich auf Ihren Lieblingsplatz. Lenken Sie Ihre Aufmerksamkeit auf Ihren Atem und beobachten Sie, wie Ihr Atem kommt und geht, ohne dass Sie etwas dazu tun müssen. Bleiben Sie eine Weile mit ihrem Atem und schauen Sie zu, wie "es" Sie atmet. Nach einer Weile lenken Sie Ihr Bewusstsein auf das Ausatmen. Ausatmen bedeutet, loslassen und Verbrauchtes, nicht mehr Nutzbares, abzugeben.

Legen Sie nun alles, was Sie behindert, auf dieses Ausatmen und lassen Sie die damit verbundenen Gefühle gehen. Jedes Ausatmen ein Loslassen – jedes Ausatmen eine Befreiung. Atmen Sie auf diese Weise für mindestens 5 Minuten. Dann lenken Sie Ihre Aufmerksamkeit nach innen und bitten um Hinweise, was als nächstes zu tun ist. Sie werden Ihre innere Stimme vernehmen. Folgen Sie dem Impuls, Sie werden überrascht sein, welche Ergebnisse Sie auf diese Weise erzielen können.

No. 3
Tikta - Innere Ruhe

Sie gehört bereits zu unserem täglichen Leben: die Liste mit allen Erledigungen, die heute unbedingt noch abgehakt sein müssen. "Unsere Agenda der tausend Pflichten". Und sie macht Druck. Obwohl wir das Tempo erhöhen und uns alle erdenkliche Mühe geben, haben wir abends bei weitem nicht alles erledigt. Wir übertragen den Rest auf die Liste des nächsten Tages und fühlen bereits beim Schreiben dieses Zettels den stärkeren Druck. Denn morgen müssen wir noch schneller spurten, noch mehr leisten. Wie soll das bloß funktionieren, fragen wir uns. "Was du nicht schaffst, schafft dich", sagen die bereits klüger Gewordenen und haben durchaus Recht. Denn wir verlieren unsere Kraft bei dieser andauernden Überbelastung so schnell und in so hohem Maße, dass wir uns abends völlig geschafft fühlen. So können wir nicht länger mit uns selbst umgehen! Wir sind wirklich viel zu hart mit uns selbst.

Diese Essenz unterstützt dabei, bewusst Zärtlichkeit und Nachsicht im Umgang mit uns selbst zu entwickeln und lindert gleichzeitig das überkommene Muster der Selbst-Verurteilung und Selbstkritik. Sinn und Unsinn dieser Selbst-Urteile werden deutlich. Macht es wirklich Sinn, sich selbst nur über erbrachte Leistung zu definieren? Ist das das Leben? Darf es auch einmal anders sein? Wenn Sie diesen anderen Zustand intensiv wollen, wird Sie die Essenz unterstützen.

Übersteigertes Pflichtgefühl, Angst, Leid, Sorgen und der innere Druck, nicht zu genügen, lösen sich nach und nach auf. Die innere Ruhe wird fühlbar ebenso wie die verstärkte, innere Kraft. Jede Lebenssituation wird klar erkannt und statt früherer Re-Aktion erfolgt jetzt Aktion. Die Wahl fällt immer leichter. Das Vertrauen meldet sich und schenkt den Raum, wichtige Dinge des Lebens abzuwarten. Statt zu hasten und zu rennen kann jetzt mehr die Einstellung des "Geschehen-Lassens" zur Quelle reiner Freude werden. Der innere Zwang, dauernd etwas tun zu müssen und die Frustration, weil dennoch nichts vorwärts geht, lassen spürbar nach.

Die Tätigkeit der entsprechenden, nicht aktivierten Teile des Gehirns wird angeregt und gleichzeitig Energie-Blockaden in dieser Region gelöst.

Viel Raum im Herzen und Freude über sich selbst und Ihren Erfolg sind das verdiente Ergebnis.

<u>Körperlich</u> betrachtet, werden die Selbstheilungskräfte gefördert und die Reinigung bei Fieber unterstützt.

***

ÜBUNG:

Alle Veränderung braucht Zeit und Übung. Sind Sie wieder einmal in das alte Muster der Überforderung gerutscht, besteht der erste, wichtige Schritt darin, sich einzugestehen, dass Sie sich gestresst und überfordert fühlen.

Der zweite Schritt ist der Wunsch, sofort eine Mini-Entspannung einzuleiten. Stress fühlen die meisten Menschen in den Schultern, im Brustbereich, in der Magengegend. Manche in anderen Körperbereichen.

Dorthin, wo Sie die meiste Spannung wahrnehmen, lenken Sie nun Ihre Aufmerksamkeit und dirigieren Sie Ihr Einatmen in diese Region. Atmen Sie so tief wie möglich ein und füllen Sie erst den Bauch und dann die Brust mit frischer Luft, frischer Energie auf. Wenn Sie soviel wie möglich eingeatmet haben, halten Sie für ca. 10 Sekunden die Luft an. Spannen Sie während dieser Zeit die Muskeln in Ihrem persönlichen "Stressbereich" so stark wie möglich an. Wenn dies beispielsweise der Magen wäre, dann spannen Sie die Muskulatur im Bereich des Solarplexus so stark an, als würde Ihnen im nächsten Moment jemand einen Schlag dorthin versetzen. Nach 10 Sekunden ist es Zeit, wirklich zu entspannen.

Lassen sie den Atem langsam und mit einem lauten Ton los und denken Sie: "Alles, was ich nicht mehr benötige, darf jetzt gehen" oder "Ich strafe mich nicht länger selbst" bzw. etwas Ähnliches. Sie werden Wärme fühlen oder ein angenehmes Kribbeln. Sollten Sie sich noch verspannt fühlen, wiederholen Sie die Übung.

No. 4
Tikta-dün - Dynamische Konzepte

"Die Großen Dinge des Lebens sind einfach". Das sagen die Weisen und Erfolgreichen und sie haben Recht. Unser Verstand wurde auf Leistung trainiert, auf gute, möglichst perfekte Leistung. So glaubt er fest daran, dass das Große, das wir im Leben gern erreichen wollen, kompliziert und anstrengend sein wird und das "ganz Große" so schwierig, dass es lange, sehr lange dauern wird, bis wir es erreicht haben werden. Vermutlich wird es jedoch so anspruchsvoll und schwierig sein, dass wir gar keine Chance haben, es überhaupt zu erreichen. Folgen wir diesen Gedanken, nehmen wir uns selbst die Kraft.

Zweifel, Zögern, labiles Selbstvertrauen sind nur eine Folge dieses Denkens. Frust, Müdigkeit, Lustlosigkeit, Lebensüberdruss, das Gefühl, dass alles sinnlos sei sind weitere Folgen. Wir leben im (selbstgemachten) Dauerstress und finden keine erlösende Ent-Spannung.

Gleichzeitig weiß aber ein anderer Teil in uns, dass das Leben gar nicht so kompliziert sein müsste, wie wir es gestalten. Wir ahnen, dass wir es leichter haben könnten. Wir beobachten Menschen, die leicht leben, denen vieles gelingt und fragen uns: "Wie machen die das? Was haben die, das ich nicht habe?" Sie denken anders. Der in uns wohnende, kreative Geist will freigesetzt werden, um das Lösen dieser alten, nicht tauglichen Denk-Muster in Gang zu setzen. Die Aussage: " Erfolg im Leben zu haben ist eine Sache. Das Leben zum Erfolg zu machen eine andere" trifft exakt unsere heimliche Sehnsucht. Endlich fällt eine neue Entscheidung: Wir geben uns selbst die Erlaubnis für das Entwickeln neuer, dynamischer Konzepte.

Diese Essenz hilft, nach und nach in die angeborene, natürliche Einfachheit zurückzufinden und unterstützt uns dabei, wieder derjenige oder diejenige zu werden, der/ die unter der antrainierten Makulatur aus Stress und Leistung, aus Perfektion und Kontrolle, sehnsüchtig darauf wartet, endlich **leben** zu dürfen. Diese Sicht wird über den persönlichen Tellerrand hinaus frei und der Wunsch nach geistig-seelischer Bereicherung kommt deutlich zum Vorschein. Daraus erwächst in der Folge natürliches Selbstbewusstsein.

Ebenso wird deutlich, dass jeder sein Leben für sich allein lebt. Diese Erkenntnis ängstigt nicht mehr, sie schenkt ein Glücksgefühl, weil nun genügend Kraft vorhanden ist, um jede Herausforderung, die das Leben an uns herantragen mag, zu bewältigen.

Viel Raum im Herzen und Freude über sich selbst und Ihren Erfolg sind das verdiente Ergebnis.

Körperlich hilfreich bei Allergien. Stärkt ebenfalls das Knochengerüst sowie die Gelenke.

***

ÜBUNG:
Setzen Sie sich auf einen Stuhl, die Wirbelsäule senkrecht. Schließen Sie die Hände zu einer sehr leichten Faust und bringen Sie die Handrücken in Schulterhöhe.

Eine Stoppuhr in Sichtweite platzieren und für die nächsten 60 Sekunden - so intensiv Sie können - durch die Nase einatmen und die Arme dabei nach oben strecken. Beim Ausatmen die Arme auf Schulterhöhe sinken lassen. Wiederholen Sie diesen Atemrhythmus so schnell und intensiv wie Sie es mögen und achten Sie darauf, dass Ihnen die Übung Spaß macht. Nach 60 Sekunden atmen Sie noch einmal tief ein, die Hände sind dabei geöffnet und ruhen auf den Oberschenkeln. Halten Sie jetzt den Atem für ca. 20 Sekunden an und lassen ihn dann mit einem starken "aaaahhhhh" gehen. Sie werden sich mit Sicherheit verändert fühlen.

No. 5
Tong-len - Volle Präsenz

"Zwei Seelen wohnen, ach, in meiner Brust, und ich hocke genau dazwischen." Wer kennt diesen Zustand nicht? Wer weiß nicht, wie schwer, ja unmöglich es ist, aus einer solchen Situation heraus zu entscheiden? All die vielen Zweifel, die aufkommen, weil wir nicht herausfinden können, welches denn die einzig **richtige** Entscheidung wäre! Wie sie beantworten oder zum Schweigen bringen? Wie eine Schlinge, die um den Hals herum immer enger wird, steigt auch die Angst, möglicherweise genau das Falsche zu tun. Es scheint kein Entrinnen zu geben. Glauben wir. Aber es gibt einen Weg. Welchen?

Nun, wir haben ganz einfach vergessen, dass wir uns nicht selbst erschaffen haben. Wir sind uns unserer wahren Herkunft und unserer unendlichen, schöpferischen Kräfte nicht mehr bewusst. "Wenn ich ein Geschöpf des Schöpfers bin, dann kann ich mir auch seines Geistes, seiner Liebe gewiss sein, die in mir wohnen. Mein göttlicher Anteil. Meine Seele."

So lange wir glauben, der Verstand sei die einzige Instanz, die uns hilft, in unserem Leben immer das Richtige zu tun, werden wir ein Problem haben. Denn der Verstand weiß gar nichts von der Seele. Solange der Verstand nur denkt – und das Herz nur fühlt – werden die zwei Seelen in unserer Brust weiter bestehen. Wenn wir beide Teile wieder vereinen, werden sie – bei täglicher Übung – mit einer **gemeinsamen** Stimme zu sprechen beginnen. Das ist der Wendepunkt in unserem Leben. Wir sind unserem nicht sichtbaren, aber fühlbaren inneren Reichtum auf der Spur, der uns zu den Antworten führt, die wir suchen!

Die Essenz unterstützt in dem Bemühen, den inneren Reichtum zu erkennen und zu entdecken. Wir erinnern uns, wer wir wirklich sind, jenseits der Person. Sie hilft dabei, tiefe, bisher behütete Weisheit freizusetzen, um das eigene Wachstum schwungvoll voranzubringen.

Der Wunsch nach äußeren Aktivitäten wird verstärkt und die innere Verarbeitung der neu gewonnenen Eindrücke und Erfahrungen geschieht ohne zusätzliche Anstrengung. Innere Harmonie wird fühlbar, die sich gleichzeitig und ohne inneren Widerspruch in Flexibilität und Abenteuerlust ausdrücken kann.

In uns wird überwiegend eine Stimme deutlich sprechen, wir können Entscheidungen klar fühlen, um sie dann kraftvoll zu fällen. Wir schenken uns selbst sehr viel mehr Lebensenergie und sind fähig, viel öfter als zuvor voll "präsent" zu sein, d.h. nicht in der Vergangenheit oder in der Zukunft zu denken oder zu fühlen. So ist es möglich, in jedem Moment eine klare und bewusste Wahl zu treffen, denn es gibt nur das "Jetzt".

Viel Raum im Herzen und Freude über sich selbst und Ihren Erfolg sind das verdiente Ergebnis.

Körperlich unterstützend für das Immunsystem, ebenso blutreinigend.

***

ÜBUNG:
Setzen Sie sich bequem auf einen Stuhl, die Wirbelsäule senkrecht. Atmen Sie nun so tief Sie können ein, so tief, dass die Luft auch in den Unterbauch fließen kann. Beim Ausatmen lassen Sie nur die überflüssige Luft mühelos entweichen. Wiederholen Sie diesen Rhythmus achtmal. Stehen Sie dann auf und wiederholen die gleiche Sequenz wiederum achtmal.

Setzen Sie sich und atmen ein weiteres Mal auf die bekannte Weise achtmal. Sie werden erstaunt über die Wirkung sein.

No. 6
Tse-wa – Handeln oder Abwarten?

Der rationale Verstand ist programmiert. Er stellt sich vor, was er gerne erreichen möchte und arbeitet dann auf das Ziel zu. Aber er hat keine Geduld. Geduld ist ein Gefühl, das aus der Liebe kommt. Der Verstand kann nicht fühlen. Er denkt. Wenn er etwas nicht versteht, antwortet er mit Ungeduld. Er macht Druck. Dann denkt er z. B. solche oder ähnliche Sätze: "Ich will es aber **jetzt** haben". Bildlich gesprochen nimmt er die Brechstange, wird sozusagen gewalttätig.

Was er wissen könnte, aber nicht beachtet, ist folgendes Naturgesetz: Druck erzeugt Gegendruck. Daher wird uns die Brechstangen-Methode dem Ziel nicht wirklich näher bringen. Ab und zu kommt von innen eine leise Stimme, die uns rät, doch ein wenig zu warten. Das will der Verstand aber nicht hören. Er glaubt, er könne das Ziel unter Einsatz vermehrter Kräfte durchaus erreichen. Das nächste Programm wird eingelegt: "Ich will es aber so, wie **ich** es will. Jetzt und sofort" Noch mehr Druck. Mit dem bekannten Ergebnis. Die innere Stimme mag sich wieder zu Wort melden – unter so viel Druck wird sie kaum noch vernehmbar sein.

Jetzt hat der Mensch wirklich ein Problem. Er sitzt in seinem persönlichen Willen fest. Die Seele, der wissende Teil, hat einen anderen Plan. Darüber spricht zwar die innere Stimme, aber sie wird nicht gehört.

Mit dieser Essenz fällt es leichter, das Erkennen der persönlichen Ebene einerseits und der überpersönlichen Ebene andererseits deutlicher zu unterscheiden. Die klare Wahrnehmung der inneren Stimme wird das Gefühl vermitteln, dass jetzt nicht die Zeit des Handelns, sondern des Wartens ist. Handeln **und** Warten wollen gelernt sein. Die beiden getrennten Teile kommen einander näher und es wird möglich, mit beiden Teilen bewusst zu kommunizieren, die jeweiligen Fähigkeiten bewusst zum eigenen Nutzen und geistigen Wachstum einzusetzen.

Die innere Strategie der Seele zeigt sich deutlich und klar. Wenn das geschieht, ist Urvertrauen geweckt. Dieses Vertrauen lässt deutlich werden, welchen Lebensphasen das Handeln zugeordnet ist und welche sich auf das Abwarten-Können beziehen. Kampf wird sinnlos, Abwarten erleichtert, erfreut.

Die Essenz stärkt die Beharrlichkeit, der inneren Stimme zuzuhören und ihr zu vertrauen. Zuversicht und innere Heiterkeit dürfen wachsen. Offenheit nach innen wie nach außen entsteht und die eigene Inspiration wird vernommen.

Viel Raum im Herzen und Freude über sich selbst und Ihren Erfolg sind das verdiente Ergebnis.

Körperliche Wirkung: Kreislauf anregend und stärkend, gleichzeitig wird die Nährstoff-Aufnahme gehemmt.

***

ÜBUNG:
"Dankbarkeit öffnet das Herz und die Öffnung des Herzens ist eine wunderbare Gelegenheit für das Göttliche, sich dir bemerkbar zu machen." Unser Verstand hat die Angewohnheit, unsere Gesundheit, den Partner, die Kinder, den persönlichen Besitz, die Arbeitsstätte usw. für selbstverständlich zu halten. Er lenkt die Aufmerksamkeit nur zu gerne auf das, was wir nicht haben und übersieht dabei völlig den Reichtum, der bereits in unserem Leben ist.

Nehmen Sie sich mindestens eine Minute Zeit und sprechen Sie laut oder leise aus, wofür Sie in Ihrem Herzen dankbar sind. "Danke Dir für meine Gesundheit". "Danke Dir für Sabine, meine Frau" usw. Fühlen Sie, was Sie sagen und fahren Sie fort, solange Sie möchten.

No. 7
Poligün-Tschün – Sinnerfülltes Leben

Während wir heranwachsen, hören wir oft von Eltern, Erziehern oder von Seiten der Gesellschaft : "Wenn du groß bist, dann ..." oder "Wenn du die Schule fertig hast, dann ..." und "Wenn du erst mal richtig Geld verdienst, dann ...". So geht es weiter und weiter. Wir leben ein Leben, das noch gar nicht stattfindet, sondern scheinbar erst später. Nie ist die richtige Zeit. Nie lernen wir zu genießen, was wir jetzt haben, sondern wir programmieren uns darauf, dass uns jetzt noch etwas fehlt. Unser Blick liegt immer in der Zukunft. Eine solche Einstellung kann auf Dauer nicht befriedigend sein, denn das Leben passiert jetzt, in der Gegenwart. Irgendwann kommt unweigerlich der Punkt, an dem wir uns mit Erschrecken selbst fragen werden: "Soll das alles gewesen sein? Ist **das** mein Leben?"

Nun ist wichtig zu verstehen, dass wir zuvor nicht wirklich **mit dem Herzen,** auf dieser Erde, in der Gegenwart unseres Lebens gelebt haben. Unser Denken und Fühlen war auf die Zukunft ausgerichtet, die es, genau betrachtet, noch gar nicht gibt. Wir blickten nur auf den gedachten Mangel und sahen die vorhandene Fülle nicht. Die eigenen Wurzeln in uns selbst zu finden und ihr Austreiben im Boden der gegenwärtigen Wirklichkeit zu genießen, wird jetzt das Thema sein.

Innere Antworten werden dann nach und nach hörbar und Fragen wie z. B.: "Warum bin ich eigentlich hier?" oder "Was will ich eigentlich wirklich mit diesem Leben anfangen?" und "Was will ich unbedingt gelebt oder erlebt haben, bevor ich wieder von hier gehe?" finden aus dem eigenen Inneren heraus eine Beantwortung.

Die Essenz unterstützt das Streben nach sinnerfülltem Leben und wir erschaffen den Raum, um innere Tugenden und Talente in uns zu entdecken, die zuvor nicht leben konnten, weil wir gar keinen Raum, keine Zeit hatten, nach ihnen zu suchen. Wir werden dann auch den Mut entwickeln, sie intensiv auszuleben und uns auf diese Weise innerlich bereichert fühlen.

Stabilität, Zuversicht und Selbstvertrauen wachsen. Die Freude am eigenen „So-Sein-Wie-Ich-Wirklich-Bin“ nimmt deutlich zu, denn dieses herrliche Gefühl entsteht aus dem Herzen heraus – es wird immer weniger attraktiv, im Außen danach zu suchen.

Viel Raum im Herzen und Freude über sich selbst und Ihren Erfolg sind das verdiente Ergebnis.

Körperlich wird die Sinnes-Wahrnehmung auf allen Ebenen verbessert.

***

ÜBUNG:
Wenn Sie Fragen haben, sich nach Antworten sehnen und sie im rationalen Verstand nicht finden können, dann wählen Sie doch die "andere Ebene". Richten Sie sich an "das Höhere", gleichgültig, wie Sie es benennen.

Setzen Sie sich für 20 Minuten an einen ruhigen Platz, atmen Sie einige Male tief in Ihr Herz und richten Sie sich dann bewusst an die Wesenheit, die größer und weiser ist, als Sie in Ihrem Menschsein, z. B. die innere Führung, der innere Meister, oder eine andere, geistige Wesenheit aus dem höchsten und reinsten Licht. Wiederholen Sie mit Überzeugung und in dem ehrlichen Wunsch folgenden Satz: "Ich lade dich ein, in mein Herz zu kommen. Ich möchte dich bei mir haben. Ich bitte um die höchste Wahrheit, die jetzt in mein Leben und in mein Bewusstsein eintreten möchte."

Bleiben Sie bei der Übung, auch wenn Sie nicht sofort eine Veränderung fühlen können. Seien Sie gewiss, dass Sie eine Antwort erhalten.

No. 8
Dschi-Lai – Erkenntnis und klare Sicht

Wenn wir heranwachsen, lernen wir zunächst, unsere Aufmerksamkeit auf Teilaspekte des eigenen Lebens zu richten. Auf diese Weise entstehen verschiedene Lebensphasen: Kindheit, Jugend, die Ausbildung, Aufstieg und Erfolg im Beruf, Beziehungen und Partnerschaft, das Bemühen um eine gute, finanzielle Basis, und so weiter und so fort. Jeder Teil für sich ist wichtig und will intensiv gelebt und erfahren sein, dennoch ist es immer nur ein Teil.

Jetzt ist die Zeit gekommen, das Ganze zu sehen. Die tief in uns liegende Sehnsucht wahr zu nehmen und zu leben, endlich einmal das zu tun, wonach wir uns in all den Jahren sehnten, es aber immer aufgeschoben haben auf "später". Es ist eine Zeit der Reife, in der alle verschiedenen Aspekte des Daseins und der eigenen Natur ins Leben integriert sein wollen. So beginnen wir auch, die einseitige Sichtweise zu durchschauen, die unseren Urteilen und Bewertungen zugrunde liegt und wir fassen den Entschluss, uns von derlei Begrenzungen und Einseitigkeiten zu verabschieden. Denn nichts ist falsch, nichts ist richtig. Es gibt nur Erfahrungen. Ein Ding ist immer nur, was es ist. Die Wertung geben wir als Person hinzu. Sie ist nicht nötig. Und sie begrenzt uns im Kopf, wie im Herzen.

Diese Essenz begleitet uns in dem Bemühen, den Schein der Sonne im eigenen Herzen stärker zu fühlen und mit Begeisterung zu erfahren, dass nun eine neue, innere Freiheit, beginnt. Der Fokus wird wieder auf unsere geistig-seelischen Aspekte gerichtet, die für eine Zeit der Erfahrungen fast am Verhungern waren.

Eine bislang unbekannte Seite des eigenen Selbstbewusstseins und der Aufgeschlossenheit öffnet sich und die **natürlichen** Gefühle der Kindheit, wie Sorglosigkeit, Fröhlichkeit, Liebesfähigkeit, Frieden und tiefes Vertrauen werden nach und nach zu voll integrierten und bewusst gelebten Teilen unseres Wesens.

Alte Widerstände beginnen zu schmelzen, Kreativität und Motivation blühen auf, die Sicht wird klar. Ein pralles Lebensgefühl ist der Gewinn.

Viel Raum im Herzen und Freude über sich selbst und Ihren Erfolg sind das verdiente Ergebnis.

Körperlich wirksam, um innere und äußere Wunden im Heilungsprozess zu unterstützen.

***

ÜBUNG:
Wann immer Sie sich unwohl fühlen, halten Sie inne. Versuchen Sie herauszufinden, ab welchem Moment das Unwohlsein begann. Sie werden mit Sicherheit einen abwertenden, urteilenden oder einen anderen negativen Gedanken finden, den Ihr Verstand gewohnheitsmäßig denkt. Niemand ist so hart mit Ihnen, wie Sie selbst und wenn Sie intensiv suchen, werden Sie finden, dass dieser Gedanke Ihr Selbstbild nicht aufbaut, sondern das Gegenteil bewirkt.

Denken Sie den Gedanken neu, und achten Sie darauf, dass Sie fühlen, was Sie denken. Bringen Sie Ihr Denken zurück in die Harmonie, die Balance. Führen Sie sich so entschlossen Sie können vor Augen, was Sie wirklich erreichen wollen und halten Sie diesen Gedanken fest. Bitten Sie Ihre Höhere Natur um Hilfe und Unterstützung. Erlauben Sie Ihrem Verstand nicht, zu zweifeln und machen Sie sich bewusst, dass Sie selbst der Chef in Ihrem eigenen System sind: Sie bestimmen. Nicht der Verstand denkt, Sie denken. Und was Sie denken, bestimmen Sie ebenfalls. Auf diese Weise unterstützen wir unseren Verstand dabei, ein neues, kraftvolles Programm zu erstellen, das uns stetig aufbaut. Alle Probleme lösen sich, wenn wir die Harmonie in uns selbst wiederherstellen.

No. 9
Tschudewa – Selbstbestimmt/ Autark

Wer kennt das Gefühl der Unsicherheit nicht? Woher kommt sie eigentlich und wie entsteht sie? Als Kinder lernen und akzeptieren wir, dass die Erwachsenen vieles, wenn nicht sogar alles "besser" wissen. Wir sind unterlegen. Unsere Lehrer präsentieren uns ebenfalls die einzig richtige Antwort und wir fühlen wieder diese Form der Überlegenheit. Derartige Erfahrungen sammeln wir im Berufsleben ebenso wie im gesellschaftlichen Leben. Immer das Gleiche: andere Menschen geben vor, es "besser" zu wissen oder "mehr" zu sein.

So kann eine Gewohnheit entstehen, bei Entscheidungen im eigenen Leben andere Menschen um Rat und Beistand zu bitten, aus dem Gefühl heraus, nicht allein entscheiden **zu können**. Oder sogar aus der Überzeugung, dass es andere tatsächlich besser wüssten.

Aus der Sicht des rationalen Verstandes mag diese Überzeugung begründet sein, aber was ist mit meinem eigenen Gefühl, mit meiner eigenen, inneren Stimme? Solange wir unseren eigenen Impulsen nicht trauen können, nicht auf sie hören wollen, wird das Leben ein fremdbestimmtes Leben sein. Wenn ich mir schon selbst nicht traue, wem dann? Die anderen sind auf diese Weise immer die Verursacher und wir die "armen" Opfer. Ein auf diese Weise gelebtes Leben ist wenig freudvoll und immer vom Gefühl der Abhängigkeit begleitet. Soll es so weitergehen?

Mit Hilfe dieser Essenz und verbunden mit der eigenen Entscheidung, diesen Zustand zu verändern, lösen wir uns langsam von der Idee, ein Opfer des Schicksals zu sein und fördern die Selbstbestimmung. Wir hören auf damit, Dinge "richtig" zu machen oder "nett" zu sein, nur damit andere Menschen uns lieb haben, uns mögen oder akzeptieren. Mit der Zeit gelangen wir zu der Erkenntnis, in unserem Wesen durchaus liebenswert zu sein, auch ohne die Bestätigung durch die Mitmenschen. Wenn ich mich selbst nicht liebe – wie kann ich andere lieben?

Endlich wird die eigene, pure Herzensenergie freigesetzt und die Aufmerksamkeit auf die innere Stimme gelenkt. Die Schönheit in jedem Augenblick des Lebens ist jetzt sichtbar. Das Leben wird zunehmend als Geschenk erlebt und immer weniger als Last.

Wir nutzen jede Gelegenheit, auch die vermeintlich "schlechten" Situationen als Herausforderung zu sehen, um mehr über uns selbst und das Leben selbst zu lernen und zu verstehen. Das gesunde, mitgebrachte Gottvertrauen, das Kinder so selbstverständlich zeigen, kehrt wieder, begleitet und erfüllt uns.

Viel Raum im Herzen und Freude über sich selbst und Ihren Erfolg sind das verdiente Ergebnis.

Körperlich hilfreich bei schwachen Nerven, regt den Stoffwechsel an und heilt das Herz auf allen Ebenen.

***

ÜBUNG:
Bei Entscheidungsschwierigkeiten nehmen Sie sich Zeit für sich selbst. Erlauben Sie Ihrem Verstand nicht, die gewohnten Sätze zu denken (Ich muss mal XY zu diesem Problem fragen. Ich muss mal hören, was YZ meint.) Nein. Denken Sie statt dessen: "Ich werde jetzt die Antwort in mir selbst finden und ich schenke mir alle Zeit, die ich dafür benötige."

Zweiter Schritt: Erlauben Sie sich, Fehler zu machen. Nichts in diesem Leben ist perfekt, niemand wird dieses Ziel je erreichen. Sie auch nicht .Geben Sie bewusst diesen unerfüllbaren Wunsch auf. Es ist sinnlose Arbeit und noch dazu unbezahlt. Beschließen Sie statt dessen: "Vielleicht mache ich einen Fehler. Aber das werde ich mit Sicherheit erst wissen, wenn ich es getan habe." Handeln Sie und genießen Sie die Kraft, die in der Entscheidung verborgen war, denn eins ist sicher: Aus jedem Fehler können Sie lernen! Ist das nicht genug?

No. 10
Dashal – Das Wichtigste finden

Um wirklich glücklich zu sein, müssen wir herausfinden, was das Allerwichtigste für uns ist. Aber wissen wir das? Haben wir uns die Zeit genommen, es herauszufinden? Oder sind die täglichen Verpflichtungen, ist die Verantwortung, die wir für andere übernehmen so groß, dass uns keine Zeit blieb, darüber nachzusinnen? Haben wir viele gleichwertige Prioritäten? Bereiten uns mehrere verschiedene Dinge Spaß? Was sind unsere Werte? Welche sind die wichtigsten und welche weniger? Wann folgen wir welchen? Oder lassen wir die Wichtigsten eher außer acht? Kennen wir den Unterschied zwischen Spaß-Haben und völliger Begeisterung? Was suchen wir? Den Spaß oder die Begeisterung? Stellen wir uns der wichtigsten Frage überhaupt: Was will ich wirklich?

Es wird deutlich, dass unser Leben endlich ist. Ist jetzt die Zeit, "auf den Grund" zu gehen? Wollen wir tatsächlich das Leben bis in seine letzten Winkel voll ausschöpfen oder nur so ein bisschen vor uns hinleben?

Jetzt geht es um klares Sehen und Erkennen der inneren Wirklichkeit. Wir wollen die Fähigkeit des Verstehens entwickeln, um auf diese Weise vergeben zu können, was war. Indem wir begreifen, dass alle Menschen auf der Suche nach sich selbst sind, lernen wir auch, mit dem Herzen zu sehen. Das Herz jedoch wertet nicht – kann es gar nicht – es versteht und weil es versteht, kann es auch lieben. "Wenn der Verstand fühlt, wie das Herz und das Herz denkt, wie der Verstand, dann wird Frieden sein!"

Im Bemühen um das Verstehen wird die Lebens-Energie belebt. Schocks und uralte Blockaden lösen sich und es fällt endlich "der Stein vom Herzen". Diese Befreiung schenkt uns die Verfeinerung aller Wahrnehmungen, innen wie außen. Wir sehen mit anderen Augen, mit denen des Herzens und gelangen in eine neue, geistige Freiheit. Dann sind wir uneingeschränkt bereit, das Beste für uns selbst einzufordern, ohne Egoist zu sein. Denn wir haben verstanden, dass die Begeisterung wie ein Feuer ist, das uns selbst wie auch unser gesamtes Umfeld belebt und erneuert. Wir wissen nun auch, dass wir leben dürfen, um glücklich zu sein. Dieses Glück kommt jedoch nicht länger von außen, sondern durch eine bewusste Entscheidung aus uns selbst. Jetzt sind wir das Glück.

Viel Raum im Herzen und Freude über sich selbst und Ihren Erfolg sind das verdiente Ergebnis.

Körperlich lindernd bei Verspannungen aller Art, durchblutungsfördernd. Wirkt ebenfalls an den Augen harmonisierend auf Hornhaut und Linsentrübung.

***

ÜBUNG:
Wann immer Sie sich dabei ertappen, unsicher zu sein oder von irgend etwas zu denken: "Ich kann das nicht", stoppen Sie sich bitte. Die Wahrheit lautet: "Ich will das nicht." Stimmt das?

Fragen Sie sich in Ruhe, was Sie wollen und finden Sie in diesem Moment eine klare Antwort in sich. Seien Sie ehrlich mit sich selbst. Wenn sie nicht sofort auftaucht, schenken Sie sich ein bisschen Zeit. Vielleicht formt sich die Antwort leise und langsam. Warten Sie in dem Vertrauen, dass gut Ding Weile haben will. Dann erst folgt der nächste Schritt.

Sprechen Sie zu sich selbst, laut und mit Überzeugung: "Ich will es so und ich entscheide mich dafür." Bleiben Sie Ihrem Versprechen an sich selbst treu und suchen Sie nach passenden Wegen, ihr Versprechen in die Tat umzusetzen. Wenn Sie dabei anderen Menschen etwas abschlagen müssen oder ihren Erwartungen nicht entsprechen können, sagen Sie es klar und liebevoll. Wenn Sie aus Ihrem Herzen sprechen, werden Sie niemals verletzen. Wenn Sie so handeln verstehen Sie die Liebe zu sich selbst, die wirklich kein Egoismus ist, sondern ein machtvoller Schritt ins eigene Glück, den jeder gleichermaßen wagen kann.

No. 11
Lugrun-Serpo – Spontane Lebensfreude

Was glauben Sie: Welcher Charakterzug garantiert immerwährenden Erfolg oder dauerhaftes Zufriedensein? Angeborenes Talent? Angeborene Fähigkeit zum Lebenskünstler? Klugheit? Intelligenz? Ellenbogenmentalität? Kampfgeist? Überdurchschnittliches Wissen? Sind die einen auserwählt und die anderen nicht?

Im Grunde ist es einfach: Alle mitgebrachten oder erlernten Fertigkeiten helfen nicht viel, wenn Ihnen eines fehlt. Nämlich der stetig fortgesetzte, persönliche Einsatz basierend auf der Entscheidung: "Ich will ... erreichen!" Diesen Satz im Gedächtnis zu halten, auch wenn die äußeren Umstände zu Zweifeln und Bedenken Anlass geben könnten, ist die Garantie für das Erreichen des Gewollten. Solange wir zögern, zweifeln, uns nichts zutrauen, verlieren wir Kraft und damit am Ende auch die Fähigkeit, das erstrebenswerte Ziel zu erreichen. Wir boykottieren uns selbst und glauben dann tatsächlich, das Ziel nicht erreichen zu können. Das jedoch ist niemals die Wahrheit. Wir können alles, wenn wir es denn genügend stark wollen.

Wenn Sie keine Freude am Leben haben, es anstrengend finden und glauben, dass es eher eine Last als ein Glück sei, dann fragen Sie sich doch einmal ehrlich, wie stark Sie diese Lebensfreude ersehnen und was Sie bereit sind, dafür einzusetzen. Was ist die Wahrheit? Wollen Sie nur etwas geschenkt bekommen oder wollen Sie sich ernsthaft darum bemühen? Welchen Preis wollen Sie dafür bezahlen? Keinen? Dann wollen Sie nicht! Sie geben alles? Dann wollen Sie wirklich und Ihnen steht nichts im Wege – Sie werden erreichen, was Sie sich vorgenommen haben.

Wenn Sie zu den Menschen zählen, die zwar wollen, aber nicht wissen, wie sie beginnen sollen, dann lassen Sie sich von dieser Essenz unterstützen, während Sie gleichzeitig in Gedanken wiederholen, was Sie erreichen wollen.

Der Wunsch, diesen nächsten Schritt zu tun, wird wachsen. Ihre Kraft wird stärker werden, die Intensität zunehmen und Ihr Fokus wie ein Laserstrahl auf Ihr Ziel ausgerichtet. Sie fühlen, dass Körper, Geist und Seele in Harmonie miteinander sind, ebenso wie Verstand und Herz, so dass Sie mit einer Stimme sprechen, die so kraftvoll ist wie nie zuvor. Das Gefühl der Ganzheit erwächst und natürliche, innere Weisheit und Kreativität sprudeln hervor.

Jetzt ist sie spürbar, die spontane Lebensfreude, aber auch die Dankbarkeit für die Wunder des Lebens.

Viel Raum im Herzen und Freude über sich selbst und Ihren Erfolg sind das verdiente Ergebnis.

<u>Körperlich</u> wirksam bei allen Formen der Sucht, Hormonschwankungen. Unterstützt das Immun-System und stärkt die Leber.

***

ÜBUNG:
Wenn Sie sich etwas vorgenommen haben, kommentieren Sie Ihr Vorhaben ständig mit dem Credo: "Ich werde meinem Verstand nicht erlauben zu zweifeln. Mein Geist ist ein schöpferischer Geist und mein Erfolg wird sich mit Sicherheit einstellen. Ich glaube an mich. Ich vertraue auf meine Fähigkeiten. Ich handle und gebiete mir selbst in Voll-Macht."

Jeder aufkommende Zweifel wird zwar beachtet, aber Sie folgen ihm nicht. Denn Sie haben verstanden, dass in jedem Zweifel die Sehnsucht (ihre eigene, unbewusste Sehnsucht) nach Vertrauen verborgen ist. Jeder Zweifel ist wie verwunschenes Vertrauen. Hören Sie Ihrem Zweifel zu und sagen Sie: "Ich kenne dich bereits, Zweifel. Nun bin ich soweit, in Vollmacht zu handeln. Ich glaube dir nicht länger, sondern bitte dich, zuzusehen, wie sich kraftvolle Ergebnisse in meinem Leben darstellen werden, weil ich es so entschieden habe. Ich habe die Macht in mir übernommen. Ich bin Vertrauen. Und dieses Vertrauen wird dich verwandeln."

No. 12
Sihta – Intuition/ Inspiration nutzen

Waren Sie schon einmal in einer Situation, in der Sie weitreichende Entscheidungen zu treffen hatten, aber nicht den Hauch einer Ahnung, wie die Frage richtig und zu Ihrem Besten zu lösen sei? Gleichgültig, ob diese Entscheidungen beruflicher oder privater Natur waren – Sie wussten, dass Sie an einem Wendepunkt Ihres Lebens standen.

Vermutlich haben Sie alle nur möglichen Ratschläge von kompetenten Personen eingeholt, aber weitergeholfen haben diese eher nicht. Denn entscheiden müssen Sie alleine.

Was also tun? Woher die Weisheit nehmen, die nun gefordert ist? Wie all diese intensiven Gefühle wie Furcht, Angst, nagenden Zweifel, Unsicherheiten und mangelndes Selbstvertrauen auflösen?

Es gibt einen Weg! Die Pilgerreise zu dem tiefsten Punkt in uns, in dem das Wissen liegt, was **für Sie** das Beste ist: Intuition/ Inspiration genannt. Wenn Sie in sich selbst die Antwort hören, werden Sie sich augenblicklich besser, ja, wie befreit fühlen und spontan tief durchatmen. Wenn das geschieht, haben Sie Ihre Wahrheit gefunden, so sieht Ihr Weg aus, so und nicht anders werden Sie handeln. Tief innen wissen Sie es felsenfest. Ihr Verstand wird beginnen, die innere Antwort zu bezweifeln. Sie werden es nicht weiter beachten, weil Sie erkannt haben, dass Ihr rationaler Verstand für diese Art der Entscheidungen nicht der geeignete Ratgeber ist.

Indem Sie Ihrer Intuition, Ihrer Inspiration zustimmen, lösen Sie sich aus der Fremdbestimmung und der Weg wird frei für Ehrlichkeit sich selbst gegenüber. Ungeschminkt, klar und kraftvoll einerseits, verbunden mit dem menschlichen Wunsch nach Sicherheit und Kontrolle andererseits. Sie stehen zu Ihrer Wahrheit und stärken den Willen, das unverwechselbare, eigene Leben zu leben und Ihre Weisheit aus der Fülle Ihrer Höheren Natur und den eigenen Erfahrungen zu erlangen.

Sie erlösen alte, hemmende Schuldgefühle, ein schlechtes Gewissen sowie ewig wiederkehrende Selbstvorwürfe und antrainierte, Sie beengende Ideen von Pflichterfüllung.

Sie sind jetzt offen für die Erkenntnis, dass Fehler nicht "schlecht" sind, sondern wichtige Erfahrungen in sich bergen. Mehr noch! Ohne Fehler zu machen, würden Sie gar nichts lernen! Sie sind jetzt entschlossen und bereit, Ihren Schritt zu tun und eine stille Vorfreude in Ihrem Herzen versichert Ihnen, dass Sie auf dem richtigen Weg sind. Die Erinnerung wird wach: Der Mensch wird aufgefangen vom wahren Leben, wenn er sich traut, zu springen. In Neuland. In Unbekanntes. Nicht Greifbares. Er kann niemals aus diesem wahren Leben herausfallen, sich wohl aber für eine Weile davon abwenden. Sie wollen sich wieder zuwenden. Die Essenz möchte Sie auf dem neuen Weg unterstützen.

Viel Raum im Herzen und Freude über sich selbst und Ihren Erfolg sind das verdiente Ergebnis.

Körperlich regt die Essenz die Entgiftung an und fördert somit die Reinigung auf allen Ebenen.

***

ÜBUNG:

Sitzen Sie ruhig und bequem. Schalten Sie die Umwelt für eine halbe Stunde ab. Lenken Sie Ihre Aufmerksamkeit in den inneren Raum, in dem Sie Ihre Intuition/Inspiration vermuten. Sie wissen es, ganz sicher.

Beginnen Sie ein Gespräch, etwa so: "Hallo, ich bin gekommen, um dich zu begrüßen. Ich bin begeistert von der Idee, dass du mir in so vielen Situationen meines Lebens einen Rat geben kannst, ich bin beglückt von der Aussicht, dass du weißt, wohin mich mein Weg führt. Denn mit meinem Verstand finde ich diesen Weg oft nicht. Ich möchte dich und deine Weisheit näher kennen lernen. Ich möchte, dass wir in Zukunft eng zusammenarbeiten. Es ist herrlich und befreiend, dich entdeckt zu haben und ich bin gespannt darauf, wie wir gemeinsam diesem Leben eine völlig neue Richtung geben werden. Ich bitte dich, mich die in meinem Schicksal verborgene Aufgabe erkennen zu lassen, weil ich nun bereit bin, ihr zu antworten. Das Mysterium 'Leben' darf nun beginnen und wird mich in meine innere Freiheit führen.“

Wählen Sie Ihre Worte und nach Ihren Gefühlen, Ihrer Natur. Sie werden mit Sicherheit Antworten aus dem Herzen hören oder fühlen und mit der gleichen Sicherheit wissen, dass sie Ausdruck Ihrer Wahrheit sind. Sollte sich ihr Verstand wieder einmischen wollen, hören Sie nicht hin. Er weiß noch nichts von der geistigen Herrlichkeit in Ihnen. Gehen Sie immer wieder auf diese "andere" Seite, dorthin, wo die Freiheit im Herzen wohnt und verweilen Sie dort. Sie werden sich so sehr daran gewöhnen, daß Sie sich immer weniger von Ihrem Verstand irritieren lassen werden. Die Gefühle in Ihrem Herzen zeigen Ihnen stets den passenden Weg, den, der mit Ihrer Seele im Einklang ist. Der Verstand kann das noch nicht, denn er weiß nichts vom Plan Ihrer Seele.

No. 13
Thratok – Inspiration genießen

Es mag der Tag kommen, an dem wir bereit und willens sind, dem Teil in uns näher zu kommen, den wir den göttlichen Teil, den ewigen Teil, die Seele nennen. Während des bisherigen Lebens waren wir mit einer Vielfalt von Erfahrungen beschäftigt, haben Schmerzen gefühlt und Freuden genossen. Das Leben war bunt. Wir fühlen uns kraftvoll, haben vieles verstanden, aber bei weitem nicht alles.

Was kommt jetzt? Der Tod? Das Ende? Oder gar ein Anfang? Was geschieht eigentlich an jenem Tag, an dem ich sterbe? Was mit meinem Körper geschieht, weiß ich bereits. Aber was passiert dann mit meiner Seele? Was ist Ewigkeit? Gibt es sie überhaupt? Und wenn ja, was ist sie?

Mit der Bereitschaft, diese und ähnliche Fragen in uns zuzulassen, öffnen wir uns, für eine nicht sichtbare Welt, die Welt der Seele, die Welt der universellen Kraft. Wir betreten eine Ebene, die sich dem rationalen Verstand völlig entzieht – für ihn weder wahrnehmbar noch beweisbar. Dennoch real.

Diese Welt will jetzt erfahren werden – die Gefühle wollen gefühlt werden – der Begriff der bedingungslosen Liebe will erlebt sein. Dies alles will jetzt ein selbstverständlicher Bestandteil des alltäglichen Lebens werden. Unsere Selbstachtung klettert in neue Höhen und entwickelt sich zu einem natürlichen Selbstwertgefühl einerseits und zu vollkommener Selbst-Akzeptanz andererseits.

Das Bewusstsein der eigenen, spirituellen Kraft stellt sich ein und die Freude daran ist jenseits der Worte. Lang gehegte Fragen beantworten sich von selbst und das größte Geschenk, das ich mir selbst machen kann, ist jetzt greifbar nahe: Zu wissen, wer ich wirklich bin, woher ich komme, wohin ich gehe. Ich erkenne meine eigene, ewige Natur.

Die Essenz begleitet uns auf diesem Weg, der mit der Entscheidung beginnt: "Ich bitte um die volle, spirituelle Wahrheit. Ich will sie erkennen und ihr in meinem Dasein zu neuem Leben verhelfen!"

Viel Raum im Herzen und Freude über sich selbst und Ihren Erfolg sind das verdiente Ergebnis.

<u>Körperlich</u> fördert es die Widerstandskraft.

***

ÜBUNG:
Werden Sie innerlich still und nehmen Sie sich viel Zeit. Am besten geeignet ist der Abend. Schließen Sie die Augen und atmen Sie ruhig und langsam.

Nach einer Weile lassen Sie vor Ihrem geistigen Auge einen herrlichen Thron erscheinen. Lassen Sie sich Zeit, bis Sie dieses Bild klar sehen oder fühlen können. Dann bitten Sie den göttlichen Teil in Ihnen, auf diesem besonderen Stuhl Platz zu nehmen und sich Ihnen zu zeigen. Schenken Sie sich viel Zeit und seien Sie bereit, auf das Erscheinen zu warten. Es können sich Gefühle einstellen, Sie können ein Kribbeln spüren, auch besondere Düfte mögen wahrnehmbar sein, vielleicht auch das Gefühl, dass Sie etwas leicht berührt, obwohl niemand sonst im Zimmer ist. Seien Sie bereit, zu erleben und zu erfahren, was Ihr göttlicher Teil Ihnen zeigen und wie er sich Ihnen mitteilen will. Sie werden in jedem Fall viel Liebe erfahren. Tauchen Sie ein in diese andere Wirklichkeit und integrieren Sie sie nach und nach in Ihr alltägliches Leben. Sie werden wahre Wunder erleben!

3.2 Der weise Mönch gewährt Einblicke

Nachdem wir unsere Zelte am nächsten Morgen abgebrochen hatten, begann der Abstieg. Der Höhepunkt der Reise war erreicht und nun öffnete sich uns der Weg zurück ins Tal. Schmunzelnd über die präzise Führung der geistigen Welt und zutiefst dankbar für das bisher kostbarste Geschenk meines Lebens, das ich nun im Rucksack trug, folgte ich dem Weg. Es war wieder ein sehr heißer Tag und so fanden wir gegen Mittag eine Wiese, auf der sogar ein Baum kühlenden Schatten anbot. Das Gefühl, ein Wunder erlebt zu haben, erfüllte mich völlig und so wollte ich nicht reden, sondern lieber in meiner Dankbarkeit allein sein.

So saß ich ein wenig abseits, trank mein Wasser und blickte in die grandiose Landschaft. Plötzlich saß der Mönch wieder neben mir und lächelte mich an. Mein spontanes Lächeln war auch eine Antwort an ihn, daß ich sehr gern in seiner Gesellschaft weiter schweigen wollte. So saßen wir still während sich unsere Herzen austauschten. Beide waren wir erfüllt von der Herrlichkeit, die uns umgab und dankbar dafür.

Als der Mönch zu sprechen begann, antwortete er gezielt auf meine Gefühle. "Es gibt nur Dich, mich, die Erde, den Himmel und unseren Schöpfer! Wenn wir so wie jetzt Zwiesprache halten mit den unsichtbaren Mächten dieser Welt, dann wissen wir, dass von dort alle nur denkbaren Möglichkeiten zu uns kommen. Von dort kommt das, was unsere Blumen zum Blühen bringt, das Korn zum Reifen, meinen Körper zum Leben und mein Herz zum Jubeln. Es kann mich aber nur erfüllen, wenn ich mein Herz öffne und mich erfüllen lassen will! Wir öffnen uns ständig über unsere Gebete. Es sind keine Gebete für Glück, gute Ernte oder Frieden. So würden weder Glück noch Frieden zu uns kommen können. Sondern wir erwecken diese Gefühle in unseren Herzen, wo sie immer schon lebendig sind. Dann fühlen wir sie deutlich, und schauen einfach zu, wie sie intensiver werden, während wir intensiver in ihnen verweilen. Glück und Frieden stabilisieren sich, wachsen, nehmen immer mehr Raum ein und dann kommt der Moment, in dem wir Glück und Frieden

SIND. Wir glauben, dass wir um gar nichts beten müssen, sondern dass alles, was wir je ersehnen, bereits in uns lebt und nur von uns erweckt werden will. Und Du hast das gestern auch verstanden. Ich will Dir nur sagen, dass wir es seit Urzeiten genauso machen, weil wir dann, völlig erfüllt von diesen Gefühlen, Glück und Frieden ausstrahlen, und jeder, der uns begegnet, kann davon ‚naschen', wenn er will. Es ist unser Weg, den Himmel auf die Erde zu bringen, damit alle glücklich sein können, nicht nur der Einzelne. Schau Dich um! Siehst Du es? Die Schöpfung ist bereits vollendet. Also Du auch! Deshalb danken wir in unserem Gebet für das Geschenk, das wir bereits besitzen. Wir fühlen niemals Mangel. Wie auch? Wir bewohnen im Geist unsere Herzen, die alles wissen und alles für uns bereit halten. Wir danken im Gebet vor allem für das unschätzbare Geschenk, aus der Vielfalt wählen zu dürfen, welche Form der Schöpfung wir gerade erfahren, fühlen, erleben wollen. Diese Dankbarkeit wiederum verstärkt, was sich gerade in uns entfaltet und bewirkt, daß sich alles in uns zur höchsten Blüte entwickeln wird.

Das ist die vollendete Schöpfung in uns. Und weil es so ist, wie es ist, sind wir glücklich, dankbar und beinahe ohne Wünsche. Wir fühlen uns pausenlos beschenkt und mit der gesamten Schöpfung eins. Was wir fühlen, ist Wahrheit. Wirklichkeit. Jetzt, hier und in Ewigkeit.

Vielleicht habt Ihr daheim von diesen Geschenken noch nichts bemerkt, weil Ihr so beschäftigt seid mit den Dingen, die Euch wichtig erscheinen. Aber wenn Ihr Eure Herzen in der Stille besucht, werdet Ihr all diese Geschenke ebenfalls vorfinden."

Während ich gebannt zuhöre und weiß, daß er auf meine Gedanken geantwortet hat, steigt eine wichtige Frage auf, die ich ihm unbedingt stellen will. Ich frage zunächst mit den Augen und als die Erlaubnis in seinem Lächeln ablesbar ist, beginne ich vorsichtig. "Du betest oft, nicht wahr?" Er lächelt. "Mehrmals täglich, habe ich auf unserer Reise bemerkt." Das Lächeln wird heller. "Wahrscheinlich jeden Augenglick, indem Du dankbar bist?" Strahlendes Lächeln. "In welchen Gefühlen verweilst Du, was entwickelt sich in Dir, was wächst und wie fühlt sich das an? Kannst du das beschreiben? Bitte, es wäre mir sehr wichtig!"

"Was Du im Außen siehst, sind Bewegungen, was Du hörst sind Klänge. Was im Inneren entsteht, wenn Du offenen Herzens siehst und hörst, ist ein Gefühl, das wir bewußt erzeugen und verstärken können, wie ich bereits sagte. Während ich bete, fühle und achte ich alles Leben. Überall auf der Welt, überall im Universum. Das erste Gefühl mündet nun in ein zweites Gefühl: Verbunden und Eins zu sein mit allem Leben. Dieses Gefühl nennen wir Frieden. Darum ist fortwährendes Beten für mich eine Herzensangelegenheit, niemals Notwendigkeit oder Ritual. Ich bete schlicht mit jedem Atemzug. Das Wichtigste in unserer jetzigen Welt ist der Frieden. Der wiederum kann nur in mir selbst beginnen und von dort nach Außen strahlen. Er wird sich mit Politik oder Diplomatie niemals dauerhaft erschaffen lassen, solange er im Inneren fehlt.

Habe ich keinen Frieden in mir selbst, bemühe mich nicht darum, ihn wieder zu finden, dann verliere ich, was mir wichtig und heilig ist: meine Werte. Das will ich nicht. Ich will diesen Frieden fühlen, aus ihm heraus leben. Wir alle wollen das. Es ist äußerst wichtig! Denn aus diesem Frieden erwachsen die nächsten Gefühle: Mitgefühl, Vergebung und Liebe. Frieden ist der Ursprung der Fähigkeit, im Herzen zu verstehen. Der Schlüssel zu allem Wissen, allem Leben. Im Frieden liegen auch die Wurzeln für jede Form von Heilung.

Die Welt braucht Frieden. Nichts mehr, als das. Sie wird ihn finden, wenn viele von Euch im Herzen fühlen, dass Frieden ihr höchstes Anliegen ist. Dann könnt Ihr, wie wir, entscheiden, diesen Frieden in Euch selbst zu erschaffen, mehrmals täglich. Darauf folgt die Erkenntnis, dass Deine tiefe Dankbarkeit sofort die Gefühle des Friedens verstärkt. Dann wird Euer Gebet nur noch ‚Danke' sagen wollen. Es ist das schönste und kraftvollste Gebet, das ich kenne. Fühle ich Frieden in mir, dann strahle ich ihn auch aus. Ohne jedes Wort. Viele, denen ich begegne, fühlen diesen Frieden ebenfalls, weil dieses Gefühl ‚ansteckend' ist. Fühlen viele Frieden, dann ist auch mehr Frieden in diesem Land. Fühlen alle Frieden, dann strahlt er weit über unsere Grenzen hinaus aus. Er lebt und wirkt.

Ich sehe eine Frage in Deinen Augen. Die Wirkung des Gebets ‚Danke' kommt nicht aus dem Wort ‚danke', sondern aus dem Gefühl, mit dem Du es sagst. Je intensiver das Gefühl, umso kräftiger die Wirkung. Das Gefühl selbst ist das Gebet und je intensiver Du fühlst, desto näher wirst Du Dich der Schöpfung verbunden fühlen. Deine Gefühlsqualität berührt den Nächsten und damit die Welt. Dein Gefühl öffnet die Türen zur unsichtbaren Welt, erschafft Wege des Friedens und der Liebe, die Du ohne diese Gefühle niemals finden kannst. Dein Gefühl verbindet Dich direkt mit der Schöpferkraft und alle Wege, die sich öffnen, hast Du gemeinsam mit der Schöpferkraft gefunden. Der Frieden, den Du fühlst, sagt Dir auch, dass Du keinesfalls allein bist, sondern wirklich verbunden mit der alles durchflutenden Kraft der Schöpfung. Du weißt es einfach, jenseits allen Zweifels.

Vielleicht ist das vermehrte Chaos auf dieser Welt eine Einladung an uns alle, die gut bekannten Strategien von Urteil, Kampf und persönlichem Vorteilsdenken in den Hintergrund zu rücken und durch die Kraft der Gefühle in unseren Herzen zu ersetzen?

Du ziehst Deine Stirn kraus. Du willst also noch eine Erklärung. Schau, Frieden bedeutet nicht nur die Abwesenheit von Krieg und Machtgelüsten. Er wohnt weit jenseits von Diplomatie und Verträgen. Schau Dich einmal selbst an. Was bist Du innerlich geworden?

Wenn Du Frieden, Glück und Zufriedenheit ‚behalten' willst, dann ist das nur möglich, wenn Du diese Gefühle in Dir erlaubst, nach denen Du Dich sehnst. Sie kommen nicht zu Dir, werden auch nicht von irgendwelchen Menschen für Dich gemacht! Sie wohnen bereits seit Beginn der Schöpfung in Dir. Erlaube ihnen, zu leben! Besuche sie! Lass sie frei! Sei mit ihnen und genieße sie. Dann wirst Du sie bald in Deinen Gedanken und im ganzen Körper wiederfinden, von ihnen erfüllt und getragen werden. Du kannst dieses Gefühl, das Dich jetzt trägt, niemals festhalten. Du musst es nur in Dir immer wieder kennen lernen wollen und dort verweilen. Erst, wenn Frieden Dir das Wichtigste vor allem anderen ist, werden Frieden und Glück dauerhaft in Deinem Herzen wohnen können! Von dort aus fließen sie nach außen, nah wie fern. Mit dieser scheinbar kleinen, aber höchst wichtigen Entscheidung kannst Du viel bewirken. Für Dich selbst und damit auch für die Welt.

Wenn Du den Frieden in dir fühlst, dann weißt Du auch, dass Du für Dich und Deine Gefühle verantwortlich bist. Du hast dann verstanden, dass Du Gefühle nicht nur einfach haben musst, weil sie nun mal da sind. Du hast verstanden, dass Du sie in Dir selbst, nach Deiner Wahl, erschaffen kannst. So wirst Du immer freier von äußeren Situationen, reagierst auf Aggression nicht mit dem gleichen Gefühl, sondern Deine Antwort kommt aus dem inneren Frieden. Wenn Du das erkennst, fühlst du eine bisher nie gekannte Freiheit in Dir. Dein Herz dehnt sich immer weiter aus! Raum zur Erschaffung von immer mehr Frieden, der Dich immer glücklicher sein lässt. Jetzt weißt Du auch, dass Du Dich nur selbst glücklich machen kannst und bist frei von Erwartungen oder Hoffnungen. Das ist das machtvollste, befreiendste Geschenk, das seit Urzeiten in Dir wohnt und endlich von Dir selbst ‚ausgepackt' und dankbar in Empfang genommen sein will!

Du wählst also Deine Lebensumstände selbst und zwar durch die Gefühle, die Du in Dir zuläßt.Verstehst Du? Wenn Du mit Deinen Lebensumständen nicht zufrieden bist, dann versuch nicht länger, die Umstände mit aller Kraft zu verbiegen, zu bekämpfen. Geh in Dein Herz und erlaube Dir dort, dass die ersehnten Gefühle zu leben beginnen, lass sie stärker und stärker werden und tue einfach nichts anderes als das. Die Umstände werden sich infolge dessen von selbst ändern, weil Du andere Gefühle aus Dir selbst erschaffst. Diese Gefühle erschaffen nämlich Deine Umstände. Wenn ich Dich so ansehe, dann habe ich noch eine letzte Frage an Dich. Willst Du in Deinem Leben glücklich sein?"

Spontan schießt es mir aus dem Mund: "Na klar doch! Welche Frage. Wer etwa nicht!"

"Solange Du das sagst, bleibt Dein Ziel nicht mehr als ein frommer, energetisch lebloser Wunsch. Das sind schwache Gefühle, weil sie kein Leben haben. Du hast ihnen noch kein Leben gegeben. Du hoffst zwar, aber fühlst Dich nicht verantwortlich dafür. Auf diese Weise erkennst Du das Geheimnis nicht, wie Leben geht. Also vergiss diese Lebensweise. Sie führt Dich weder in Glück noch in Frieden.

Du mußt und kannst, wenn Du willst, dem Wunsch jetzt Kraft geben! Gib ihm Energie, damit er lebendig wird. Beginne zunächst in Dir selbst zu fühlen, was du wirklich erreichen willst. Stell Dir vor und sei dann ganz sicher, dass der Wunsch sich bereits in dem Moment erfüllt hat, als Du ihn intensiv gedacht hast. Und nun sei dankbar dafür: ‚Danke, dass sich mein Wunsch bereits erfüllt hat!' ‚Danke, dass das wirklich möglich ist!' Jedes ‚danke' wird Deine Gefühle kräftigen und Wirklichkeit werden lassen, was Du ersehnst. Nur das tust Du! Es wird Deine Wirklichkeit werden. Du wirst es erleben!

Ich bete nicht für den Frieden, ich strahle ihn aus. Das ist das Geheimnis. Der Frieden ist mein höchster Wert und deshalb darf er sich in mir ausbreiten, bis ich selbst nur noch Frieden bin. Im Frieden wohnt das Glück. Und deshalb bin ich glücklich, vollkommen glücklich. Ich bin dazu geboren, um dieses Geheimnis zu erkennen und dann zu leben. Ich bin dazu geboren, glücklich zu sein. Nicht wegen äußerer Umstände. Nein. Ich bin in mir glücklich. Weil ich jeden Moment beschenkt bin. In mir. Der Frieden, das Glück sind nun mein Besitz. Das Einzige und Wertvollste, was ich überhaupt jemals besitzen kann. Da ich das Geheimnis kenne, werde ich Frieden und Glück auch in Ewigkeit besitzen. Dieses Wissen lässt mich immer glücklicher werden ... Es ist eine Spirale des Glücks und des Friedens, die nicht nur mich erfüllt, sondern auch meine Umwelt."

Ich bemerke, dass jedes seiner Worte mit meiner inneren Wahrheit harmoniert. Wie gern sitze ich hier, höre zu und bin einfach nur erfüllt.

"Warte nicht länger auf Dein Glück. Nicht länger auf Frieden. Das führt Dich weg von Deiner Sehnsucht. Sei still im Herzen, wie jetzt, und fahre fort, Dir die ersehnten Gefühle zu erschaffen. Dann weißt Du, wie ich, warum Du auf dieser Erde lebst. Dann weißt du, wie Leben wirklich geht. Dann hast Du Deinen und den göttlichen Plan erkannt, bist in Dir still geworden. Glücklich eben.

In diesem Land stimmen wir fast alle darin überein, dass Frieden, Fülle und Glück unsere höchsten Werte bedeuten und erschaffen sie fortwährend in uns, erinnern uns gegenseitig. Täglich können wir die Auswirkungen in unserem Alltag erkennen. Wir finden Kraft und Frieden außen, in der Natur, Mitgefühl und Kooperation untereinander, gute und reiche Ernten, gesunde und kräftige Tiere. Wir kennen weder Streit noch Kampf. Warum auch? Wir haben täglich vor Augen, was unsere Ahnen seit Jahrtausenden lebten: Wir und unsere Umwelt sind ein- und dasselbe. Wir lassen sie entstehen, durch unsere fortgesetzten Gefühle. Wir erschaffen sie gemeinsam und genießen sie gemeinsam, weil es eben auch nur gemeinsam möglich ist!! So erschaffen wir die ‚Wunder', anstatt auf sie zu hoffen, ihre Erfüllung von anderen zu erwarten oder darum zu beten!

Habt Ihr das von Euren Ahnen nicht gelernt? Oder habt Ihr vielleicht nicht aufmerksam hingeschaut? Ich will Dir sagen, und Du kannst es ja praktisch sehen, dass es möglich ist! Wir haben uns gemeinsam und seit Beginn der Zeiten dafür entschieden, mit unserem Geist die Mächte der Vereinigung und des Friedens aus dem Herzen für uns zu erschaffen. Du kannst das Ergebnis sehen, fühlen, und wenn Du willst sogar genießen. Gefällt es Dir?

Alle Ereignisse auf der Welt sind wie riesengroße, ablesbare Barometer. Sie zeigen überdeutlich an, was die Menschen gerade überwiegend fühlen und sind die sicht- und erfahrbaren Ergebnisse vieler, übereinstimmender Entscheidungen. Es sind aber auch Barometer, die Herausforderung signalisieren, uns erinnern, das Empfinden für die Situationen zu verändern. Der Glaube an den Frieden, das Glück und die Dankbarkeit, die gleichzeitig in Euren Herzen wohnen, sind wie Kippschalter, die eine andere, friedliche Zukunft erschaffen werden. Für den Einzelnen wie für alle. Aber Du allein wählst, was Dir wichtig ist. Es wird sich auswirken. Du kannst jetzt gewiss sein, weil Du es sehen kannst, richtig?"

Ein Nicken gelingt mir. Mit Dankbarkeit im Herzen und ohne weitere Fragen lächle ich ihn an. Wie wunderbar. Zuvor waren da viele Fragen in meinem Kopf, weil ich Gefühle und Gedanken nicht in Übereinstimmung bringen konnte. Mich fragte, wie ich es anstellen könnte, mich dauerhaft einfach nur zufrieden mit mir und der Welt zu fühlen. Ohne mein Zutun fliegen mir jetzt die Erklärungen zu, die ich nachvollziehen und als wahr erkennen kann. Wenn das kein Wunder ist! Zutiefst befriedigt lasse ich mich ins Gras fallen. Jetzt weiß ich, wie Leben geht und werd's mir nicht nur merken, sondern auch wirklich tun!

3.3 Die besondere Herstellung der Essenzen unter Einbeziehung von Lichtwässern

3.3.1 Herstellung

Über eine längere Zeit standen die wunder-vollen Essenzen in meiner Praxis und wollten nur ruhen. Sie paßten selten zu einem Patienten. Aber sie passten zu mir und halfen mir, ein immer deutlicheres Gefühl des Friedens zu erschaffen und zu genießen. Als heftige Veränderungen in mein Leben traten, wirkten sie wie stille Begleiter, wie Geländer, an denen ich mich ausrichten und meine innere Richtung klarer verfolgen konnte. Sie erinnerten mich immer wieder an alles, was ich erlebt, gefühlt und erkannt hatte und verhalfen diesem Wissen zu immer mehr Bedeutung in mir. So manche Veränderung "überstand" ich im Gefühl des inneren Friedens, in der ich zuvor mit Sicherheit in Angst und Schrecken verfallen wäre. Ich war selbst überrascht, mich so zu erleben und gleichzeitig dankbar dafür, dass mir so viele Geschenke zur rechten Zeit in den Schoß gelegt wurden.

Selbst dann, als ich haarscharf am Tod vorbeischrammte, fühlte ich keinerlei Angst. Ich ruhte in meinem Frieden. Ich erlebte tatsächlich, was der Mönch versucht hatte, mir zu erklären: es wurde wirklich immer mehr. Ich musste es nur wollen. Inzwischen wollte ich beinahe gar nichts anderes mehr. Und mir war auch klar, dass die Essenzen, die immer in meiner Nähe waren, wie "Gehhilfen" fungierten.

Die Information, die die Essenzen mit Sicherheit nicht nur für mich, sondern für alle bereit halten, wurde damit für mich immer klarer. Als sie nach ein paar Jahren bereit waren, von meinen Freunden pharmazeutisch und gleichzeitig voller Hochachtung aufbereitet zu werden, war auch klar, dass sie ein besonderes Wasser benötigten, damit sich alle Informationen frei entfalten und wirken konnten. Es gab nur eine Möglichkeit: Lichtwasser!

Dr. Enza Maria Ciccolo, promovierte Biologin und Forscherin, beschäftigt sich seit 20 Jahren mit dem Phänomen der Lichtwässer und weiß viel Aufsehen Erregendes darüber zu berichten. Sie wurde in Messina geboren, studierte Biolgie und Musik in Norditalien. Später widmete sie sich der energetischen Medizin und stellte fest, dass sie damit nicht nur am Menschen, sondern gleichzeitig an der Umwelt für positive Veränderungen sorgen konnte. Sie ließ viele wissenschaftliche Untersuchungen der verschiedensten Lichtwässer durchführen, deren Ergebnisse ihr Leben und ihre Sicht der Dinge völlig veränderten.

Was mir über das Lichtwasser von Challice Well (Glastonbury/England) aus anderer Quelle bereits bekannt ist, fand Maria Ciccolo auf wissenschaftlichem Weg über das Lichtwasser von Lourdes heraus. Ich übernehme hier einen Teil ihrer wissenschaftlichen Forschungsergebnisse, um zu erklären, warum wir den Essenzen vor allem die Wässer von Challice Well und Lourdes hinzugefügt haben.

Lichtwasser

- wirkt auf allen sieben Lichtfrequenzen, also auf alle verschiedenen Gewebe und Organe von Lebewesen, aufbauend.
- ist unendlich vermehrbar, beachtet man bestimmte Voraussetzungen.
- vermindert pathogene Keime; sie sind in ihrer Wirkung deutlich weniger aggressiv.
- wirkt wegen seiner Mikroinformationen positiv auf die gesamte Gesundheit.
- besitzt einen amphoteren pH-Wert, d. h. es reagiert je nach Terrain, mit dem es in Berührung kommt: ob sauer oder basisch und harmonisiert immer.
- bildet beim biochemischen Goldsalztest ein besonderes Kolloid.
- Alle Lichtwässer enthalten wichtige Mikroinformationen, die auf unsere drei Keimblätter einen aufbauenden Impuls ausüben und somit auf all unsere Organe stärkend und aufbauend wirken. Sie haben nachweisbar eine stabilisierende, therapeutische Wirkung.

Bereits durch sanftes Auftragen auf die Haut kann der Körper die harmonisierenden Frequenzen aufnehmen und umsetzen, d. h. die körpereigenen Selbstheilungskräfte setzen sich sofort in Gang. Natürlich gilt das auch, wenn das Wasser getrunken wird. Das besonders Schöne daran ist, dass mit Sicherheit nichts falsch gemacht werden kann, keine unerwünschten Nebenwirkungen eintreten (was für die Ladakh-Essenzen gleichermaßen gilt). Die Lichtwässer unterstreichen die jeweilige Resonanz der einzelnen Essenzen für den einzelnen Menschen und tragen die gewünschte Information in alle Körperregionen.

Machen wir einen winzigen Ausflug in die Quantenphysik, die dieses Phänomen bereits erklären kann. Ursache für das scheinbare Phänomen ist der Spin, die Drehrichtung der Kernteilchen, Moleküle und Molekühlgruppen, die in immerwährender Bewegung sind. Diese Bewegung ist immer ausgerichtet, denn in harmonischer "gesunder" Umgebung schwingen sie gleichermaßen nach rechts und nach links. Treten Belastungen (aller Art) auf, nimmt die Gravitation zu und ein deutlicher Linksspin prägt sich aus. Wir fallen damit aus der Harmonie und können das auch deutlich fühlen.

Alle Lichtwässer weisen aber stets einen Rechtsspin auf, sogar auf sehr hohen Ebenen. Dieser Spin nach rechts ist daher hervorragend geeignet, unseren durch die verschiedensten Belastungen entstehenden Linksspin zu harmonisieren. Zusätzlich sind Lichtwässer in der Lage, heilend und ausgleichend zu wirken, wo wir Menschen oft, ohne es zu wissen, starken elektomagnetischen Belastungen ausgesetzt sind. Das bedeutet natürlich auch, dass wir auch über die Hinzugabe eines winzigen Tropfens der Essenzen unsere Speisen und Getränke, unsere Kosmetika und Putzmittel, unsere Wohnung innen wie außen harmonisieren können, um uns noch wohler zu fühlen und uns selbst im Schlaf durch eine harmonisierte Umgegung zu nähren und zu stabilisieren.

Enza Maria Ciccolo entdeckte eine weitere Besonderheit der Lichtwässer: Die Wasserstoff- und Sauerstoffatome stehen untereinander in einem spezifischen Winkel, der haargenau den Maßen des Goldenen Schnitts entspricht, der wiederum kennzeichnend für

Harmonie und Ordnung, für ein Leben in Balance ist. So ließ sich auch von Dr.Ciccolo beweisen, dass Lichtwässer die Wirkung von Arzneien verstärken.

Ich habe gleichermaßen über unsere langjährige Erfahrung und das Feedback der Patienten den Beweis, dass die Lichtwässer die Ladakh-Essenzen abrunden. Auch außerhalb des Energie-Paradieses Ladakh haben die Essenzen die gleiche, vollkommene Wirkung, gleichgültig ob Mensch, Tier oder Pfanze. So ist eine tiefgreifende, innere Sanierung nicht länger ein Traum, eine Hoffnung, sondern tatsächlich möglich.

Was hatte der Mönch mir gesagt? Alles ist bereits vorhanden. Die Schöpfung ist bereits vollkommen. In der Tat. Wir haben nicht nur die Essenzen aus Ladakh, sondern auch die Lichtwässer aus Europa. Miteinander verbunden sind sie ein Geschenk, dessen holistische Wirkung sicherlich noch viele Möglichkeiten in sich birgt.

3.3.2 Anwendung

Nehmen wir diese Essenzen ein, treffen die gesammelten Informationen, entsprechend dem Gesetz "Alles geht an den Ort des geringsten Widerstandes" über unser Körperwasser auf unsere Blockierungen, Schmerzen, Zweifel, Sorgen, Krankheiten etc. Die Energieblockaden lösen sich. Warum? Weil Liebe die einzige Kraft ist, die heilen kann. Gleichzeitig erhalten Herz und Seele ihre feinstoffliche Nahrung, denn die tragende Schwingung entspricht ihrer Natur: Liebe. Die Wirkung ist doppelter Energieaufbau: Lösung von Blockierungen bedeutet verstärkten Energiefluss und Zufuhr von Liebe. Mehr Energie steht nun zur Verfügung und kann vermehrt Energie anziehen. Der Weg zeigt: ein völlig neuer, innerer Raum entsteht: Ein stabiles, unerschütterliches Lebensgrundgefühl!

Die Ladakh-Essenzen wollen intuitiv "über den Griff ins Körbchen", ihren Namen, die Nummern (oder die Karten) von Ihnen erwählt werden. Haben Sie Ihre Wahl getroffen, nehmen Sie das Fläschchen bitte in die rechte Hand und klopfen es drei- bis siebenmal in die linke Handfläche.

Denken Sie dabei so intensiv Sie können an das freudige, erfolgreiche, aufbauende Ergebnis, das Sie erzielen wollen. Versuchen Sie, ein konkretes Bild dieser Situation vor Ihrem geistigen Auge zu sehen und fühlen Sie sich lebendig, kraftvoll und erfolgreich. So als würden Sie in dieser angestrebten Situation bereits leben. Sie ist geistig nun bereits existent.

Je nach individuellem Bedarf nehmen Sie ein- oder zweimal täglich einen Tropfen auf 200 ml Wasser und trinken das Glas langsam, am besten über eine Stunde verteilt, mit Genuss und Freude. Natürlich können Sie sich auch jeweils einen Tropfen "pur" auf die Zunge geben, Ihr Gefühl wird Sie leiten.

Wenn Sie das Fläschchen nachts unter Ihr Kopfkissen legen wollen, ist auch dies durchaus empfehlenswert, viele Menschen melden gute Ergebnisse. Sie können es auch bei Spaziergängen oder anderen Gelegenheiten in der Hand halten, auch so werden die Schwingungen auf Sie wirken.

Es hat sich bewährt, die Essenzen entweder frühmorgens, gleich nach dem Aufwachen oder abends einzunehmen, wenn der Stress des Tages hinter Ihnen liegt und vielleicht noch einmal vor dem Zubettgehen. Zu Beginn des Feierabends wirken die Tropfen stark harmonisierend. Natürlich zeigen sie auch ihre Wirkung, wenn Sie sie nach Ihrem persönlichen Bedarf genießen. Sollten Sie eine Übung einplanen, nehmen Sie bitte zuvor einen Tropfen der entsprechenden Essenz ein oder halten Sie das Fläschchen in Körpernähe. Sie können auch die Karte Ihrer Wahl auf den Körper legen oder bewusst in das gezeigte Symbol hinein meditieren.

Wir haben eine homöopathische Hochpotenz (LM 1) gewählt und bitten Sie, immer nur einen Tropfen ins Glas zu geben. Das antrainierte Verstandes-Muster: "Viel hilft viel" trifft in diesem Fall nicht zu. Die Tropfen vertragen sich hervorragend mit anderen Medikamenten und sind unbegrenzt haltbar.

Alle Essenzen tragen in sich die Botschaft: "Das Leben ist Freude und ich darf in meinem Leben glücklich sein. Der offene Raum in meinem Herzen füllt sich täglich mehr mit Frieden, Liebe und Dankbarkeit. Weil Liebe und Glück aus mir strahlen und andere Menschen in meinem Umfeld erreichen, helfe ich mir und anderen gleichzeitig." Diese Einstellung hilft uns, wirklich "Ja" zu sagen zu unserem menschlichem Dasein mit all seinen Höhen und Tiefen, weil wir innerlich wieder um die göttliche Existenz wissen und in diesem Gefühl geborgen sind. Unser Selbst- und Gott-Vertrauen wächst Tag für Tag. So erschaffen wir gemeinsam eine neue Zukunft, die tatsächlich für alle Menschen bereit hält, was sie sich ersehnen.

Die Essenzen entstanden, um Sie in Ihren geistigen Bemühungen zu unterstützen! Es ist jedoch sehr wichtig, dass Sie täglich neu Ihre bewusste Entscheidung bekräftigen, Ihr künftiges Lebensgefühl zu optimieren. Der Einsatz Ihres Willens verstärkt die Wirkung der Essenzen um ein Vielfaches! Die Essenzen allein, ohne ihre geistige Mithilfe, können nicht sehr viel bewirken, haben wir doch alle einen freien Willen, der jetzt für neue Entscheidungen eingesetzt werden will.

Die Ladakh-Essenzen und/ oder die Ladakh-Energie-Karten geben Ihnen Hilfestellung und Unterstützung bei zwei wichtigen Aspekten:

1. Die Tropfen werden Sie unterstützen, Ihre "neuen" Gefühle in Ihrem Gemüt zu etablieren, damit Sie jeden Tag und immer öfter daran denken, was Sie wirklich erreichen wollen, und gleichzeitig Ihre Zweifel und Befürchtungen immer weniger wahr- und ernstnehmen. Dann kommt der Moment, an dem Sie Ihre Gefühle des Friedens als Ihr natürlichstes Gut betrachten und völlig von ihnen erfüllt sind.

2. Finden Sie in den Essenzen einen guten und verlässlichen Impulsgeber, der Sie kraftvoll und intensiv auf Ihrem neuen Weg begleiten wird. Sollten Sie sich dabei erwischen, dass Sie die Einnahme vergessen, dann haben Sie vorerst Ihr Etappenziel erreicht und können aus eigener Kraft Ihren Weg fortsetzen, bis Sie fühlen, dass nun ein weiterer Raum in Herz und Seele erschlossen werden möchte. Wählen Sie wieder eine neue Essenz, eine neue Karte!

3.4 Das Energie-Orakel

Im Sommer 1992 unternahm ich die Tour im Himalaya. Meine Absicht war es, tiefer einzudringen in das Mysterium Mensch und Leben, um die verborgenen Zusammenhänge klarer verstehen und wiedererkennen zu können, die Gesundheit oder Krankheit erschaffen.

Vieles, was ich auf dieser Reise erlebte, wirkt bis heute nach. Immer noch blitzen neue Erkenntnisse im Bewusstsein auf, wieder ein Stückchen im großen Puzzle "Mysterium Leben". Sie fügen sich harmonisch ein in die wachsende Überzeugung, dass ich als Mensch kaum etwas zu bewirken vermag, sondern dass jedes Fortschreiten, jeder Erfolg von meiner Höheren Natur initiiert wird, die im Geistigen ihre Wurzeln hat.

So wächst die Ahnung von der unbeschreiblichen Größe der göttlichen Präsenz in unserem Leben und den grenzenlosen, gedanklich nicht mehr erfassbaren Dimensionen dieses genialen, übergeordneten Planes, der so präzise wirkt, dass ich meistens sehr still werde und nur noch staune. Manchmal geschieht es auch, dass ich laut herauslache, wenn ich in einer alltäglichen Situation die Präzision und Fürsorglichkeit meiner göttlichen Führung erkenne. Es lacht der Teil, der üblicherweise darauf trainiert war, sich zu sorgen und mit Befürchtungen in die Zukunft zu blicken.

Wie überflüssig, weiß ich heute. Wenig von dem, was ich mit meinem recht gut trainierten Verstand geplant habe, ist tatsächlich eingetroffen. Statt dessen ergaben sich weit bessere Lösungen, die ich mich nicht einmal getraut hätte zu denken, weil sie vermessen zu sein schienen. Plötzlich waren sie dennoch mitten in meinem Leben.

So geschah es auch mit den Ladakh-Essenzen. Der ursprüngliche Plan war, sie ganz normal in der Praxis einzusetzen, um energetische, geistig-emotionale Blockierungen zu behandeln. Unter anderem Menschen mit zu wenig Selbstvertrauen, Depressionen, Ohnmachts-Gefühlen oder genereller Energielosigkeit aus diesen fühlbaren Löchern herauszuhelfen und sie so zu unterstützen, dass sie aus sich selbst neue, machbare Perspektiven entwickeln oder nur neue Kraft tanken konnten. Das Ziel, Raum im eigenen Herzen und Freude am Leben zu re-installieren, wurde bei Anwendung der Urtinkturen in den ersten Jahren ihrer Erprobung nur in wenigen Fällen erreicht.

Als die Essenzen, unter liebevoller Mitwirkung meiner Freunde aus der Apotheke in Hochpotenzen umgewandelt wurden, traten wir in eine weitere Versuchsphase ein. Meine Freunde hatten nun die Essenzen auch in ihrer Apotheke verfügbar und waren neugierig selbst zu erfahren, wie sie wohl wirken. Sie kannten zwar meine Berichte, aber erst die eigene Erfahrung bereichert wirklich und lässt auf einer tiefen Ebene neu verstehen. So begannen sie mit ihren Tests.

Da Apotheken beraten und nicht behandeln, lag es nahe, alle dreizehn Fläschchen in einem schönen Körbchen auf der Theke zu arrangieren. Viele Fragen von Kunden ließen oft mehrere Lösungen zu und so geschah es, dass die Kunden aufgefordert wurden, zur besseren Klärung des Ursprungs ihrer Beschwerden doch einfach mal in das Körbchen hineinzulangen und eines der Fläschchen zu ziehen. Wie ein Los.

Der Effekt war unbeschreiblich. Die Kunden lasen die zum Fläschchen gehörende Kurzbeschreibung, stutzten kopfschüttelnd oder lachten laut auf. "Das ist doch nicht möglich! Stimmt genau! Das war mir gar nicht so bewusst!" waren immer wiederkehrende Ausrufe.

Gleichgültig, ob nun andere Medikamente zu der gewählten Essenzen hinzu addiert wurden oder auch nicht: In beinahe jedem Fall kamen die Kunden ein paar Tage später wieder in die Apotheke oder riefen an, nur um zu berichten, dass sie auf geheimnisvolle Weise eine unerwartete Entwicklung in ihrem Leben beobachtet hätten. "Irgendwie fühle ich mich leichter – irgendwie bin ich viel freier – irgendwie ist das Problem kein Problem mehr – irgendwie kann ich wieder viel besser durchatmen – irgendwie sehe ich jetzt alles viel klarer und kann besser entscheiden – irgendwie bin ich glücklich und weiß nicht warum", lauteten einige der Berichte.

Neugierig geworden durch diese völlig unerwarteten Ergebnisse, handelten wir nun beim kleinsten Unwohlsein alle nach dem gleichen Prinzip. Wann immer uns ein Schnupfen anfliegen wollte, die Verdauung nicht rund lief oder der Kopf ein wenig brummte, hieß es: "hinein ins Körbchen" und jedes Mal, ohne Ausnahme, traf die Wahl mitten ins Schwarze. Bingo. Es klappte aber auch, wenn wir morgens mit dem linken Fuß aufgestanden waren, grimmig an den Nachbarn dachten, der die ganze Nacht gelärmt hatte oder einfach nur verstimmt waren.

Die Botschaft war einfach immer die Wahrheit, auch dann, wenn wir sie vorzugsweise lieber nicht wahr genommen hätten. Es stimmte ausnahmslos: Was wir unbewusst mit uns herumtrugen, konnten wir bewusst lesen. Langsam dämmerte es uns: "Das ist ein Orakel! Es hilft uns, uns selbst zu verstehen!"

Um ganz ehrlich zu sein: Ich brauchte Tage, um die Tragweite der Entdeckung ermessen zu können und nochmals Wochen um langsam und ein weiteres Mal die wundervolle Wirkung göttlichen Eingreifens in mein, in unser aller Leben dankend anzunehmen.

Wie kann das sein? Wie sind diese Volltreffer möglich? Wenn wir darin übereinstimmen, dass wir in Wahrheit reine Energie sind, dann wissen wir auch, dass Energie sich ständig bewegt, weil sie arbeitet und Neues erschafft. Energie will, gemäß ihrer Natur fließen und jede Blockierung ist ein Stau, ein Schrei nach dem natürlichen Fluss. Unser Bewusstsein ist noch nicht darauf trainiert, diese Staus direkt wahrzunehmen. Der Körper, der nicht lügen oder vertuschen kann, ist immer bemüht, jede Blockierung zu lösen, was ihm leider gar nicht so oft gelingt, wie uns lieb wäre, weil wir eben seine Signale nicht "übersetzen" können. Da der Körper "weiß" und das innere Wissen ebenfalls führt, erwischen wir immer die treffende Botschaft.

Wie entstehen nun diese Blockierungen? Grundsätzlich durch negative Gedanken, durch alle Formen von Ängsten sowie durch unsere gesellschaftliche Konditionierung. Werfen wir einen kurzen Blick auf die Medien, dann wissen wir, wovon die Rede ist. Hinzu kommen schmerzhafte Erfahrungen aus der Vergangenheit, Urteile und Bewertungen, Hass- und Rachegedanken. In dieser Zeit spielen

Zukunftsängste der unterschiedlichsten Art eine zunehmend große Rolle. Die Liste lässt sich leider beliebig fortsetzen.

"Eine Minute Ärger ist mehr als ein Esslöffel Gift" lehrten mich die tibetischen Ärzte. Eine treffende Wahrheit. Wie oft ärgern wir uns? Einmal im Jahr? Einmal im Monat? Wie oft auch immer, stellen Sie sich die Frage einmal anders: "Was habe ich eigentlich verbrochen, um mich ständig freiwillig zu vergiften?"

Grundsätzlich gilt: Jede Form von Negativität blockiert und vermindert unsere Energie. Andererseits leben wir umgeben von viel Negativität und sind selbst keineswegs frei von ihr. Es ist weder möglich noch wünschenswert, morgen ein Engel zu sein, frei von allen Formen der Angst. Was hätten wir dann gelernt? Es macht jedoch keinen Sinn, therapeutisch eine Blockade zu lösen und durch unverändertes Verhalten die nächste gleich wieder neu zu erschaffen.

Hingegen ist es von außerordentlich weitreichender Bedeutung, die Ursachen der Blockierung bewusst zu verändern. Langfristiger Energieaufbau kann nur gelingen, wenn wir auch geistig in Fluss kommen und alle Dinge aus unserem Leben bewusst entfernen, die uns mit schöner Regelmäßigkeit in heftigen Energiemangel führen.

Der Weg beginnt so: Jede Form von Liebe, gleich in welcher Form wir sie erhalten, wirkt direkt und zielgenau auf unsere Energieblockaden ein und beginnt sie zu lösen. Was die Naturvölker schon immer wissen und mich lehrten, bestätigt sich jeden Tag: Liebe ist die einzige Kraft, die dauerhaft heilt.

"Jeder Schmerz, gleichgültig ob körperlich, mental oder emotional, ist ein Schrei nach fließender Energie", sagen sie. Und was ist fließende Energie? Liebe. Gemeint ist nicht die emotionale Liebe, die im Grunde besitzen will, sondern die Liebe, die einfach nur da ist, nichts zurück erwartet, nur in Balance führen, Harmonie schaffen und heilen will. Göttliche Liebe, zu der wir uneingeschränkten Zugang haben, die immer und unausweichlich in uns wirken möchte, auch wenn es der rationale Verstand noch nicht glauben will.

Die Wirkung der Essenzen ist einfach: Dem Gesetz folgend "alles geht an den Ort des geringsten Widerstandes" treffen sie zielsicher die wichtigste Blockierung, helfen uns bewusst zu erkennen, wie sie entstand und unterstützen uns dabei, unsere Denk- und Verhaltensmuster zu verändern, neu zu entscheiden, um in Zukunft keine weiteren Blockierungen dieses Ursprungs zu erschaffen. Und wie finden wir die richtige Essenz? Indem wir blind und ohne zu denken ins Körbchen greifen und Herz und Seele mit Hilfe unserer Intuition die Führung überlassen; mit anderen Worten; unseren ‚Ladakh-Instinkt' einschalten. So schließt sich der Kreis.

Wann sollten wir ins Körbchen greifen? Grundsätzlich immer dann, wenn uns das "gute Gefühl" verlässt. Wann immer wir uns unwohl fühlen, wenn auch nur minimal, sind wir bereits nicht mehr energetisch im Fluss. Je schneller wir entscheiden, diesen Zustand zu verbessern, desto leichter der Kurswechsel. Fühlen wir uns gut, haben mit unseren Entscheidungen, dem Alltag, dem Leben schlechthin ein gutes Gefühl können wir sicher sein, im energetischen Fluss zu verweilen. Vorausgesetzt, wir sind ehrlich mit uns selbst und lügen uns nicht in die Tasche.

Die Erfahrung hat gezeigt, dass die Einnahme der Essenzen oft nur sehr kurzfristig notwendig ist. Spätestens nach wenigen Tagen beginnt sich die Blockierung zu lösen und wir verstehen plötzlich, woher sie ursächlich kommt. Mitunter hilft auch nur das Lesen des Textes und/ oder die entsprechende Übung und das "Aha-Erlebnis" trägt uns auf die neue, aufbauende und aufwärts strebende Spur. Auch wenn wir es nicht rational verstehen, aber Veränderungen intensiv wollen, wirken die Essenzen und bauen uns auf geheimnisvolle Weise auf.

3.5 Familienstellen (nach Hellinger) mit den Ladak-Essenzen

3.5.1 Einführung

Die stets präsente, warme Herzlichkeit wie auch die sanfte Gelassenheit der meisten Menschen in Ladakh, die mir begegneten, wurzelt sicherlich in ihrer eigenen, tiefen Lebensweisheit, die sie innerlich befreit und (ohne äußeren Anlass) glücklich sein lässt.

Bewusster Ausgangspunkt ihrer Betrachtung des Lebens scheint nicht das Materielle zu sein, sondern das Geistige, das sich in und hinter den alltäglichen Dingen des Daseins versteckt. Sie haben die Fähigkeit erworben, im Sichtbaren das Unsichtbare zu erkennen und überbrücken so mühelos die Trennung zwischen zeitlich und ewig, Materie und Geist, Mensch und Gott, die uns "modernen", westlich orientierten Menschen meist nicht in gleicher Weise vertraut ist und eher schwer fällt.

In anderen Worten: Sie kennen die Sprache des Unsichtbaren und haben dem eigenen Leben somit eine geistige Ausrichtung verliehen, lassen unaufhörlich die Kräfte ihrer Höheren Natur in das nur scheinbar karge Dasein einfließen. Ihre Seelen werden auf diese Weise genährt und sie fühlen sich innerlich reich. Wie ihre Ausstrahlung zeigt, sind sie es auch. Ohne Mühen oder jegliche Anstrengung sind sie glücklich, eins mit sich und ihrem Leben. Die täglichen Schwierigkeiten wegen des scheinbaren, materiellen Mangels nutzen sie, um das Prinzip des Lebens zu verstehen und finden auf diesem Weg in ihrem Inneren den Alles durchdringenden Geist, dessen sichtbarer wie unsichtbarer Ausdruck eben jene Leichtigkeit und herzerfrischende Heiterkeit sind, die den Besucher zutiefst berühren.

Wie sie mich lächelnd wissen ließen, leben sie in der Gewissheit, dass das eigene Leben, wie auch die Welt, immer und unausweichlich vom Reinen Geist durchdrungen sind. Für sie wird der Mensch erst zum erwachsenen Menschen, wenn er Verbindung zu seinem geistigen Ursprung aufgenommen hat und sich für sein Denken, Sprechen und Handeln voll verantwortlich fühlt. So wächst und reift der Mensch an den mühevollen, schwierigen Aspekten seines Daseins und erkennt die Notwendigkeit ihrer Existenz in seinem Leben an. Dann kennt er keinen Grund, sich ständig zu beklagen, jammernd auf bessere Zeiten zu hoffen oder Alles und Jeden zu bekämpfen. Er zerbricht nicht an Herausforderungen, sondern erkennt ihren Sinn dankbar an.

Was hat das nun alles mit uns zu tun? Wie können uns deren Erkenntnisse und Wahrheiten helfen?

Nun, wir werden als Menschen in einen vielschichtigen Kontext hineingeboren, den zu durchblicken wir als geistige Wesen aufgerufen sind. So, wie wir uns bei der Geburt in einem Körper wiederfinden, den wir auch nicht willkürlich völlig verändern oder negieren können, tragen wir auch eine seelische Aufgabe in uns, die unbedingt (an)erkannt und gelebt sein will. Das gilt für alle Menschen, ganz gleich, unter welchen äußeren Bedingungen sie ihre Erfahrungen sammeln.

Wir kommen ja nicht völlig unbelastet, wie ein unbeschriebenes Blatt auf diese Welt, sondern bringen unser Schicksal, unsere Aufgabe mit uns, die uns geistige Freiheit, Frieden und Einsicht bescheren wird, wenn sie von uns bewusst durchschaut, erkannt ist.

Wenn wir, an einem gewissen Punkt der "Notwendigkeit" (maximaler Leidensdruck) in unserem Leben ankommen und bereit sind zu erkennen, dass uns unser rationaler Verstand eine trügerische, in jedem Fall temporäre Sicherheit auf der Basis ständiger Kontrolle vorgaukelt, mag sich die Bereitschaft entwickeln, nun der in uns wohnenden, geistigen Aufgabe zu antworten. Wir beginnen, statt wie gewohnt nach Außen, vermehrt nach Innen zu schauen. Wir entdecken geistige Potenziale und Wahrheiten, die unsere bisher gedachten Vor-Stellungen von und über die Welt fragwürdig erscheinen lassen; die Phase der Rück-Besinnung hat begonnen.

Wir finden zu unserem Erstaunen Wertvorstellungen, Gedanken- und Verhaltensmuster, Ängste und Blockierungen, die uns nie zuvor bewusst waren und fühlen zum ersten Mal, dass uns diese unbewussten Strukturen durchaus am geistigen Wachstum hindern.

Die Öffnung ist erreicht: wir verwandeln uns in Abenteurer, die zwar die äußere Welt und ihre Regeln bereits ausführlich kennen und nun auf der Suche sind nach deren Entsprechung: der Innenwelt und ihren Gesetzen. Die Ahnung bestätigt sich: Es geht nicht darum, die Welt zu verändern, sondern zunächst "nur" mich selbst.

Wie? Indem ich beginne zu erkennen, wo meine Heimat ist, wer ich in Wirklichkeit bin und was zu bewirken ich hierher, auf diese Erde kam. Ich mache mich auf, den Balance-Punkt zu finden, der die Polarität, die Gegensätzlichkeiten in mir und in dieser Welt ausgleichen kann und der nur im Geistigen zu finden sein wird.

3.5.2 Aus der Praxis einer Ärztin

Wenn wir uns auf diesen Weg begeben, stellt sich immer die Frage nach dem nächsten Schritt. Wie komme ich weiter? Wie gelange ich zu innerer Erkenntnis? Wer kann mir den Weg weisen? Wo geht der Weg hinaus aus diesem Labyrinth, das sich Leben nennt und in dem ich mich bald selbst nicht mehr auskenne?

Gleichgültig, ob wir uns mit emotionalen, mentalen (nervösen) oder auch körperlichen Beschwerden plagen, der Weg in die Heilung führt immer über eine höhere, geistige Wahl. Erst, wenn ich klar erkenne, was mich unbewusst quält, belastet oder blockiert, kann ich auch bewusst eine kraftvolle, neue Entscheidung treffen, die mich energetisch befreit und aufbaut, statt mich selbst klein zu halten und am geistigen Wachsen zu hindern.

Die bisherige Erfahrung des Familienstellens mit Hilfe aller dreizehn Ladakh-Essenzen hat gezeigt, dass der Geist in uns diesen Weg bereits exakt kennt und wir darauf vertrauen dürfen, auch wenn der rationale Verstand (noch) nichts von diesem inneren, ewigen Wissen weiß. (Bert Hellinger bezeichnet diese Tatsache u.a. mit dem Begriff der "Phänomenologie").

"Als ich diese Essenzen das erste mal in der Hand hielt wusste ich, dass ich mit ihnen Familienstellen kann", erzählt Frau Dr. Diepgen. Sie berichtet weiter, dass sie einen Tag pro Woche dieser Arbeit vorbehält, weil aus medizinischer Sicht unbewusste, innere Blockaden gelöst sein wollen, bevor weitere, therapeutische Maßnahmen dauerhaften Erfolg zeigen können. Sie will daher auf diese höchst wirksame Methode, wie sie anhand guter Erfolge feststellt, nicht mehr verzichten.

Anstelle menschlicher "Stellvertreter" übernehmen die Ladakh-Essenzen die Rolle vorübergehender Repräsentanten. Der Vorteil: das momentane Seelenthema jedes einzelnen Beteiligten wird ersichtlich, weil jeweils ein spezielles Motto die Schwingungs-Leitsubstanz der Essenz darstellt. Diese verfügbare Information hilft, den Prozess der Erkenntnis und Befreiung zu unterstützen und zu begleiten, wissen wir doch inzwischen, dass die richtige Schwingung stets heilt. Was jedoch für unser komplexes Sein "richtig" ist, weiß nicht der Verstand, jedoch unsere stets präsente, Höhere Natur, die unsere Hand führt, wenn wir blind "ins Körbchen greifen".

Weiterer Vorteil: Zwei, höchstens drei Menschen reichen aus, um beim Familienstellen mit Hilfe der Ladakh-Essenzen blockierte Energien erneut in Bewegung zu bringen und die Ordnung wiederherzustellen, auch dann, wenn viel mehr Personen am aktuellen Thema beteiligt sind.

Wir beginnen zunächst damit, das heutige Thema zu formulieren und greifen (blind) ins Körbchen, um für uns selbst eine Flasche zu ziehen. Auf der Flasche ist jeweils das Leitthema angegeben, welches das unterbewusst angestrebte, geistige Ziel deutlich und klar benennt. Ziehen Sie z. B. für sich die Flasche No. 3 "Innere Ruhe", so können sie gewiss sein, den jetzt für Ihre Seele wichtigen Wunsch zu kennen. Stellen sie diese Flasche nun auf einen völlig leeren Tisch, der einen ebenso leeren Raum darstellt. Finden Sie den für diese Flasche passenden Platz. Die Seite mit dem Namens-Etikett entspricht der Blickrichtung der Person oder Situation, die diese Flasche repräsentiert.

In Folge ziehen Sie langsam und bedächtig alle weiteren Repräsentanten, die zu Ihrem Thema gehören und platzieren sie Ihrem Gefühl folgend auf der Tischplatte. Natürlich ist es auch möglich, "abstrakte" Situationen zu stellen, wie z. B. berufliche Probleme, Eifersucht, Schuldgefühle, das Wesen einer Beziehung etc. Entscheidend ist, dass zunächst alle wichtigen, an der Situation Beteiligten realen oder abstrakten Stellvertreter in der beschriebenen Weise aufgestellt werden.

Ist dies geschehen, lassen Sie zunächst einmal das Bild dieser Fläschchen und ihre Stellung zueinander auf sich wirken. Bitte nicht interpretieren, sondern lediglich wahrnehmen. Frau Dr. Diepgen nimmt zu Beginn der Sitzung die Position des Aufstellenden als "Stellvertreter" ein um herauszufinden, wie sich dieser Mensch in seinem Leben und in seiner momentanen Situation gerade fühlt. Sie findet heraus, wo die Blockierungen liegen und woher sie kommen.

Wie sich beim klassischen Familienstellen (nach Bert Hellinger) ebenfalls herausstellte, sind die Repräsentanten austauschbar. Ein jeder kann, dem Resonanz-Phänomen und unserem wahren Ursprung folgend, geistige Wahrheiten anderer Menschen naturgetreu nachempfinden, wenn wir nur bereit dafür sind. Es ist einfach unsere Natur. Wir benötigen dafür keine besonderen Talente. Daher können zwei oder drei Stellvertreter jeweils viele, unterschiedliche Positionen nacheinander einnehmen und dennoch absolut zutreffende Wahrnehmungen erreichen.

Phänomenal und immer wieder erstaunlich ist die Tatsache, dass jede Person eine deutlich klarere Wahrnehmung der tiefer in ihr liegenden Beweggründe erhält, wenn sie die ihr zugedachte Essenz während des Aufstellens in die Hand nimmt. Unsicherheiten lösen sich und vermehrte Sicherheit stellt sich ein. Auf geheimnisvolle Weise fühlen sich die Aufstellenden im Laufe der Zeit viel fester in ihrem Leben verwurzelt, fühlen sich in sich selbst mehr daheim und nehmen die Verantwortung für sich und ihre Schwierigkeiten im Leben mit viel weniger Zögern bzw. Widerstand an. Es scheint, als würde die Schwingung der Essenzen einen inneren Mangel auffüllen und in fließende Energie zurückverwandeln.

Tiefe Einsichten und überraschende Erkenntnisse kann der Aufstellende erlangen, wenn er sich selbst in die Rolle der Person begibt, die ihm die meisten Schwierigkeiten bereitet. So begibt sich die Frau, die eine schwierige Beziehung erlebt und sich unverstanden fühlt, in die Rolle des Partners und schaut auf diese Weise aus dem Blickwinkel des anderen auf die gleiche Situation; fühlt jetzt die wahren Beweggründe des Nächsten direkt und unverfälscht. Immer, wenn wir diese Möglichkeit wählten, wirkten die so gewonnenen Erkenntnisse für die betreffenden Menschen wie eine Erlösung. Gegenseitiges Verstehen, das zuvor über Gespräche nicht erreichbar zu sein schien, war wie durch ein Wunder unvermittelt anwesend.

Einzige Voraussetzung: Offenheit für die Wahrheit des anderen. Da wir normalerweise gewohnt sind, aus der eigenen, persönlichen Sicht auch den anderen zu beurteilen oder auch unsere Ängste projizieren, bewirkt diese Art der Aufstellung oft wahre Wunder.

Ziel jeder Sitzung ist es, die Ordnung, d. h. den Fluss der Energie wiederherzustellen, was häufig durch Verstehen der ehrlichen Beweggründe erreicht wird, die dem Betroffenen oft nicht einmal selbst bewusst waren. Die Erfahrung zeigt, dass Liebe dann fließt, wenn wir z. B. den anderen in seiner Hilflosigkeit, Ohnmacht und Schwäche fühlen und erleben können. Dann verstehen wir mit dem Herzen und erkennen uns selbst im Nächsten wieder; wissen plötzlich, dass niemand wirklich böse, sondern allenfalls hochgradig unbewusst agieren oder reagieren kann.

Wir erfahren zudem in unseren Herzen, dass unendlich viel Schmerz nicht ehrlich ausgedrückt wird, weil wir Menschen Angst haben, uns schwach, ausgeliefert und hilflos zu zeigen. Zur gleichen Zeit ist deutlich fühlbar, dass die unerfüllte Sehnsucht nach Liebe, Geborgenheit und Akzeptanz in fast allen Beteiligten genau diesen heftigen Schmerz auslöst. Ist diese Wahrheit endlich im Bewusstsein, erfüllt alle Stellvertreter Liebe und Mitgefühl, Verständnis und Vergebung. Die Herzen sind weich und menschliche Nähe geschieht ohne bewusstes Zutun. Die Einheit hinter den scheinbaren, menschlichen Gegensätzen fühlt sich an, wie ein Geschenk und entpuppt sich als die Erfüllung unserer längsten und tiefsten Sehnsucht. Und nun verstehen wir die Wahrheit: all diese negativen Gefühle, all diese Blockaden, all der Ballast sind in ihrem Ursprung nichts anderes als unsere eigene Liebe, die einfach nicht ankommt.

Dann erinnern wir uns, dass wir in diesem Gefühl schon immer verweilen wollten und erkennen vage den Weg, der uns dauerhaft dorthin führen kann: Respekt, Achtsamkeit, Ehrlichkeit, Demut, Vergebung. Die Konfrontation mit der Wahrheit beschert uns das wahrhaft Heilende, Befreiende, Freudige, das wir ersehnen.

Die bisherige Praxis zeigt, dass sich in jeder solchen Sitzung zumindest eine kleine Lösung ergibt, wenn auch manchmal mehrere Schritte nötig sind, um in die völlige Ent-Spannung einer Situation zu gelangen. Hilfreich auf diesem Weg sind dann die den Personen zu Beginn zugeordneten Essenzen, die den Entwicklungs-Prozess unterstützen und die Bewusstwerdung und Neuorientierung an der eigenen Wahrheit verstärken wollen.

3.5.3 Fallbeispiel

(Namen geändert)

Johanna, 38 Jahre, Ärztin, hat seit 2 Jahren nur noch Schwierigkeiten in ihrem Leben. Im Beruf wird ihre feinfühlige Arbeit nicht mehr geschätzt, privat ist sie allein und sucht vergeblich nach einer neuen, tragfähigen Beziehung. Vor einem Jahr hat sie eine langjährige Partnerschaft beendet, weil sie sich ausgesaugt und völlig überfordert fühlte. "Der Mann an meiner Seite ließ sich in jeder Hinsicht von mir tragen, ich habe das einfach nicht mehr ausgehalten." Seit dieser Trennung sind die Erfolge in ihrem Leben wie abgeschnitten. Die Schilddrüse vergrößert sich zusehends und sie befürchtet, eine OP nicht dauerhaft vermeiden zu können. Ihre Lebensfreude ist fast auf dem Nullpunkt angelangt. Alles in ihrem Leben stagniert und sie verzweifelt beinahe an diesem Stillstand. Alle Versuche, ihr Leben wieder in Gang zu bringen, verstärken die Stagnation. Sie sieht keine Lösung und bittet darum, in der Sitzung den Grund für diesen plötzlichen Stillstand zu finden.

Johanna, in Begleitung ihrer besten Freundin Beatrix, zieht zunächst eine Flasche für sich selbst und wählt No. 4 "Dynamische Konzepte". Als sie das Thema liest, lächelt sie und meint: "Genau, das ist das, was ich brauche". Sie stellt die Flasche in die Mitte des leeren Tischs, Blickrichtung Süden. Für ihren ehemaligen Partner Jens wählt sie No. 7 "Sinnerfülltes Leben". Wieder nickt sie und sagt: "Ja, das sucht er, aber ich kann es ihm nicht geben." Die Flasche erhält einen Platz weit entfernt von ihr, ebenfalls Blickrichtung Süden. Die Mutter von Jens, Lydia, spielt (aus Johannas Sicht) eine wesentliche Rolle und sah in der zukünftigen Schwiegertochter vor allem die Mutter ihres Enkels (Jens ist Einzelkind). Sie hatte bereits entschieden, den Enkel aufzuziehen, ohne mit dem Paar darüber gesprochen zu haben. Für Lydia erscheint die Flasche No. 3 "Innere Ruhe". Diese Flasche platziert Johanna sehr dicht, hautnah hinter Jens, ebenfalls Blickrichtung Süden. Vater Rolf erscheint mit No. 10 "Das Wichtigste finden" und Johanna staunt. "Ja, das betreibt er intensiv." Er erhält einen Platz weit neben seiner Frau, im Grunde allein, ebenfalls Blickrichtung Süden. Eine weitere Flasche für die Bedeutung ihres Berufs in ihrem Leben erscheint mit der No. 9 "Selbstbestimmt/ Autark". "Das war ich mal", sagt Johanna "und habe irgendwo den Anschluss verloren". So findet die Flasche ihren Platz schräg hinter ihr, wieder Blickrichtung Süden. Johannas Mutter Helga wird durch No. 12 "Intuition nutzen" repräsentiert und der Vater Gerd erhält No. 8 "Erkenntnis/ Klare Sicht". Beide Eltern stehen nebeneinander und hinter Johanna. Die drei Geschwister von Johanna stellen wir ebenfalls auf, sie gruppieren sich um Johanna. Allerdings steht nun Johannas Beruf genau neben ihrem Vater. "Hat das eine Bedeutung?" "Ja, es war Vaters Wunsch, dass ich Ärztin werde und ich bin (oder war) es ja auch sehr gerne."

Betrachtung des gestellten Bildes:
Johanna und Jens stehen weit auseinander und schauen sich nicht an, aber Spannung ist bereits fühlbar. Hinter Jens steht hautnah die Mutter. Er hat keinen freien Rücken. Wir verwandeln nun das Bild über die wahren Stellvertreter.

Übertragung des gestellten Bildes mit Personen:
Ich übernehme die Position von Johanna und bitte sie, sich auf die Position von Jens zu begeben. Beatrix übernimmt den Part von Lydia und steht dicht in Jens Rücken.

Wahrnehmung Position Johanna:
Ich fühle mich kraftlos und leer. Völlig allein. Keine Perspektive. In mir ist alles grau. Das Leben ist fade, nichts als Pflichterfüllung. Keine Freude, keine Herausforderung, kein Kick. Todlangweilig. Wenn ich zu Jens hinüberblicke fühle ich Groll. Ich habe ihm über so viele Jahre alles gegeben, was ich zu geben hatte, aber es hat nie gereicht. Er wollte immer noch mehr. Er war wie ein Fass ohne Boden. Er hat mein Bedürfnis, von ihm etwas zurückzubekommen, nie verstanden. Er wusste gar nicht, was ich von ihm wollte. Das macht mich wütend. Meine Güte, bin ich wütend auf Jens. Aber ich will ihn auch nicht zurück. Ich bin so wütend über all die verlorenen Jahre, die ich ihm geschenkt habe! Mir ist zum Heulen.

Wahrnehmung Position Jens:
Ich kann mich gar nicht richtig fühlen. Alles ist so eng. Mich stört die Frau in meinem Rücken, ich bin so unfrei. Im Grunde ist mir alles egal. Ich fühle mich in meinem Leben, wie in einem Traum. Es kann geschehen, was geschehen will, es ist mir einerlei. Wenn ich zu Johanna hinüberblicke, fühle ich nichts als Gleichgültigkeit. Es war doch ihre Entscheidung, mit mir zusammen zu sein, sie wollte mich doch verwöhnen. Soll ich mich da wehren? Was will sie eigentlich von mir? Wieso soll ich sie verstehen? Ich weine der Beziehung nicht nach; weinen kenne ich gar nicht. Zukunfts-Perspektiven habe ich auch nicht - ich nehme mein Leben einfach so, wie es kommt. Meine Mutter regelt das schon für mich. Und mein Vater hat notfalls die richtigen Beziehungen. In meinem Job bin ich gut, was will ich mehr? Gefühle kenne und vermisse ich nicht, und vermutlich ist das auch gut so. Dieses ganze Theater von Johanna berührt mich nicht die Bohne. (Johanna, auf der Position von Jens, beginnt zum ersten mal in ihrem Inneren zu verstehen, dass Jens ein völlig anderer Mensch ist, als sie bisher dachte. Sie erlebt die gleiche Situation aus einem anderen Blickwinkel und ist von dieser Wahrnehmung stark beeindruckt. All ihre Vor-Stellungen geraten durcheinander. Sie bleibt lange so stehen, um das Erlebte in sich aufnehmen zu können.)

Wahrnehmung Position Mutter Lydia:
Ich fühle mich stark und kraftvoll, um nicht zu sagen machtvoll. Ich halte das Zepter in der Hand. Was ich will, geschieht. Ich beschütze meinen Sohn. Er braucht mich. Er kann sich nicht durchsetzen, das übernehme ich für ihn. Ist doch selbstverständlich, ich bin doch schließlich seine Mutter. Da ist es doch nur natürlich, dass ich für ihn sorge und ihm meine Gaben zur Verfügung stelle. Ich bin sehr zufrieden mit meinem Leben – es läuft doch alles genau nach Plan! Ich habe einen braven Sohn und einen guten Mann.

Wahrnehmung Vater Rolf:
Ich stand schon immer allein in meinem Leben. So ist es halt, das Leben. Ich fühle mich wie ein Baum, den nichts umhaut. Das ist alles, mehr brauche ich nicht. Da gibt es eine Ehefrau – ja. Braucht man halt. Der Sohn soll seinen Weg allein finden, habe ich auch getan. Von Gefühlsduseleien halte ich nichts. Unnötiger Ballast. Stark sein, das zählt. Das bin ich.

Im weiteren Verlauf der Sitzung wird klar, dass sich in Johannas Familie das genaue Gegenteil abspielt. Hier wird Gefühlen eine große Bedeutung zugemessen und alle sind bemüht, sich gegenseitig absolut zu respektieren. In dieser Familie sind Liebe und Fürsorge ein selbstverständliches und tragendes Moment. Jeder geht seinen Weg und segnet den des anderen. Für Johanna wird beim Betrachten der Bilder das erste Mal überdeutlich sichtbar, wie gefühlskalt doch die Umgebung ist, in der Jens aufwuchs und immer noch lebt. Doch das verändert ihren Groll noch nicht. Sie fühlt immer noch Wut, aber bei genauerer Betrachtung stellt sie überrascht fest, dass sie wütend auf sich selbst ist. Wütend über ihre Blindheit, ihre Ignoranz den Fakten gegenüber. Jetzt beginnt der nächste Schritt:

Die Stellvertreter nehmen die für sie gewählten Essenzen in die Hand und beginnen unvermittelt, ihre Positionen zu verändern, genau so, wie es der "Ordnung" fast entspricht.

Wahrnehmung Position Johanna mit Essenz No. 4 in der linken Hand (Johanna auf ihrer eigenen Position)

Mir ist nicht mehr zum Heulen. Ich kann sehen, dass ich mir selbst etwas vorgemacht habe. Ich hatte eine Vorstellung von dieser Beziehung und habe diese Idee auf Jens projiziert ohne zu bemerken, was wirklich in ihm vorgeht. Ich habe ihn genauso behandelt, wie seine Mutter: über ihn bestimmt. Und ich habe nicht kapiert, was ich tue. Mir ist, als fielen Lasten von mir ab. Ich beginne zu verstehen, dass Beziehungen so gar nicht laufen können und ich solche Art einseitiger Gemeinsamkeit auch gar nicht anstrebe. Es kribbelt jetzt heftig in meiner Schilddrüse (kratzt sich). Ich weiß ja verstandesmäßig, dass das Schilddrüsen-Thema immer verbunden ist mit dem unbewusst ertragenen Frust, niemals das zu bekommen, was man gerne hätte und sich ersehnt, begleitet von dem Gefühl, immer hinten anstehen zu müssen und niemals dran zu kommen.

Ich beginne zu verstehen, dass ich mir selbst alles antue. Auch wenn Jens so ist, wie er ist. Ich kann doch immer frei entscheiden, was mir gut tut. Aber was nutzt die schönste Wahrheit, wenn ich nicht in Kontakt mit ihr bin? Jetzt komme ich in Kontakt und mir geht ein Licht auf. Die Schuld hat nicht Jens, sondern ich selbst. Wenn ich dieses Muster hier voll durchschaut haben werde, habe ich viel vom Leben verstanden und werde entsprechend handeln. Ich fühle, wie die Kraft zu mir zurückkommt, je besser ich die Zusammenhänge verstehe. Mein Groll verwandelt sich und löst sich langsam auf. Ich kann Jens ansehen und ihn neutral betrachten. Ich glaube, ich bin sogar ein kleines bisschen glücklich dabei. Glücklich über mich selbst. Ich bleib noch ein wenig so stehen, damit ich noch besser verstehen kann.

Wahrnehmung Position Jens mit Essenz No. 7 in der linken Hand
Als Erstes werde ich mal einen Schritt nach vorne tun. Meine Mutter engt mich zu sehr ein. Das erste Mal kann ich wirklich durchatmen. Sehr angenehm. Ich wusste gar nicht, wie gerne ich freien Raum um mich habe. Wenn ich zu Johanna hinüberblicke, spüre ich ein wenig Freude. Ich mag sie. Aber es ist vorbei. Ich wünsche ihr alles Gute.

Wahrnehmung Position Mutter Lydia mit Essenz No. 3 in der linken Hand
Ich fühle mich immer noch stark. Aber unter dieser Stärke fühle ich nun eine tiefe Traurigkeit, die niemand sehen darf. Ich klammere mich an Jens, weil ich wohl ein schweres Trauma in der Vergangenheit nicht verkraftet habe. Dieses "Stark-Sein-Müssen" kostet mich viel Kraft. Deshalb brauche ich Jens, damit ich durchhalte.

Wahrnehmung Position Vater Rolf mit No. 10 in der linken Hand
Ich fühle mich immer noch stark. Aber ich fühle, dass Jens nicht mein leiblicher Sohn ist. Das macht mich so unbeteiligt. Wenn ich ehrlich bin, hätte ich gerne einen eigenen Sohn gehabt. War aber nicht. Ein wenig traurig bin ich schon darüber. Aber zeigen werde ich es nicht, weil es ja auch nichts ändert.

Bei der weiteren Arbeit fühlt sich Johanna tatsächlich "geistig verwandelt", wie sie sagt. Später gelangen wir an den Punkt, an dem Johanna auch erkennt, dass ihr Beruf für sie bei weitem nicht so wichtig ist, wie sie glaubte. Er hat ihr für eine Zeit ihres Lebens Erfolg beschert, aber die Erfüllung, die sie sich ersehnt, glaubt sie dort nicht finden zu wollen.

Sie verbindet sich immer tiefer mit sich selbst und kann Jens die Hand reichen. Sie möchte sich bei ihm für all die schönen Stunden bedanken, die sie gemeinsam hatten und dankt ihm insgesamt für die wertvolle Erfahrung, die sie durch diese Beziehung gewinnen konnte. Jens nimmt zögernd die angebotene Hand und kann das erste Mal lächeln. Nach einer Weile verbindet die beiden Dankbarkeit und Respekt füreinander. In diesem Gefühl kann jeder von ihnen seinen eigenen Weg im Leben weitergehen.

Mutter Lydia hat in früher Jugend eine Vergewaltigung erleben müssen und das Baby starb kurz nach der Geburt. Sie hat diesen Vorfall niemandem erzählt und versucht, alles mit sich selbst auszumachen. Als endlich ihre Tränen fließen, verändern auch Jens und Vater Rolf sich nochmals. Die Familie rückt etwas näher zusammen und die ersten, zaghaften Versuche gegenseitiger Zuwendung fühlen sich vielversprechend an.

Johanna verlässt die Sitzung, deutlich verändert. Sie fühlt sich energetisch besser, bei weitem nicht mehr so leer und hoffnungslos, im Gegenteil: sie verspürt wieder Lust, ihr Leben selbst in die Hand zu nehmen und fühlt sich auch fähig dazu. Keine Zweifel am Gelingen. Auch ihre vergrößerte Schilddrüse bedrückt sie nicht mehr so stark wie zuvor, sie will die Herausforderung annehmen und sich selbst beweisen, dass Heilung für sie möglich ist. Ohne OP. In ihrem Herzen hat sie verstanden, dass echte Lebensbejahung aus der Konfrontation mit der inneren Wahrheit kommt, aus der Spannung zwischen oben und unten, hell und dunkel, ich und du, Glück und Leid. Auf geheimnisvolle Weise leuchtet über diesen scheinbaren Gegensätzen das Göttliche auf und schenkt uns allen das Gefühl des Glücks und des Friedens. "Jetzt bin ich wieder mit mir selbst im Reinen", meint Johanna und atmet noch einmal tief auf.

In einigen Wochen werden wir eine nochmalige Sitzung verabreden, weil Johanna unbedingt herausfinden will, ob sie bis dahin wieder mit beiden Beinen fest verankert in ihrem Leben steht. Sie witzelt: "Offenbar korreliert Erwachsensein nicht mit dem biologischen Alter. Bald will ich nachsehen, wie erwachsen ich wirklich bin."

3.6 Balance und Stärkung der Aura mit den Ladakh-Essenzen

Viele Behandler berichten von erstaunlichen Ergebnissen bei der Aura-Heilung. Bekanntlich wirken sich negative Emotionen und Gedanken direkt auf die Aura aus. Spalten, dunkle Verfärbungen, Löcher und Risse sind für den Aurasichtigen bemerkbar.

Der Patient selbst fühlt sich in diesem Zustand subjektiv zumindest unwohl, meist schwach und unfähig Entscheidungen zu treffen oder zu handeln. Oft wird auch berichtet, dass sie unverstanden und ungeliebt fühlen, und obendrein (so meinen sie) auch grundlos angegriffen, angepflaumt, gemobbt.

Die intuitive Auswahl der passenden Essenz* durch den Patienten selbst bewirkt eine rasche Veränderung. Sobald er/ sie nur das Fläschchen in der Hand hält, stabilisiert sich die Aura, die Farben werden kräftiger, Risse und Spalten verschwinden, sogar die Löcher beginnen sich zu schließen. Wenn er dann zusätzlich den entsprechenden Text liest, verändert sich die Aura nochmals in Richtung "geschlossen".

In dieser deutlich stabileren Aura fühlt sich einerseits der Patient sofort deutlich wohler und andererseits kann der Therapeut gemeinsam mit dem Patienten auf dieser neuen Basis Fortschritte bewirken, die mit einer geschwächten Aura niemals dauerhaft greifen könnten.

Unzählige Fallbeispiele berichten davon, dass die jeweilige Therapie besser greift, wenn die Aura des Betreffenden zuvor stabilisiert wurde.

* Die Essenzen sind deshalb auch in Sprayfläschchen lieferbar.

3.7 Schüssler-Salze und Ladakh-Essenzen

(Ein Erfahrungsbericht von Frau Heike Klocker, Apothekerin)

"Es war ein einziger, kleiner Moment, ein Augenblick während meiner Ausbildung zur Mineralstoffberaterin nach Dr. Schüssler, als mir blitzartig klar wurde, dass diese Mineralstoffe und die Ladakh-Essenzen aus dem Himalaya eine intime Beziehung zueinander haben. Sie ergänzen sich auf körperlicher und auf seelischer Ebene, verstärken die angestrebte Wirkung und folgen sogar der gleichen Nummerierung. Diesem kurzen Augenblick folgte ein längerer Zeitraum: Ich habe hineingespürt, verglichen, selbst ausprobiert und mit anderen getestet. Heute kann ich aus tiefstem Herzen sagen: Ja, es gibt diese Verbindung zwischen den Mineralstoffen und den Essenzen tatsächlich und sie ist sehr wirkungsvoll.

Vor mehr als 150 Jahren wurden von dem Arzt Dr. Schüssler Mineralstoffe der besonderen Art nach homöopathischen Richtlinien entwickelt. Durch seine Beobachtungen an kranken Menschen, die Erfahrungen in der Homöopathie und die zu seiner Zeit hochaktuelle Erforschung der menschlichen Zelle, war es ihm möglich, zunächst jene zwölf Mineralstoffverbindungen zu finden, die im Organismus für einen ungestörten Betrieb unverzichtbar sind (später kamen noch einige Mineralstoffe hinzu).

Dabei handelt es sich um Zellnährstoffe, durch die es den einzelnen Zellen im Körper ermöglicht wird, ihre Aufgaben im jeweiligen Zellverband optimal zu erfüllen. Außerdem steuern sie durch ein gutes Schwingungsfeld den Mineralstoffhaushalt außerhalb der Zellen.

Die Mineralstoffe wirken durch ihre Anwesenheit in der Zelle sozusagen von "innen" heraus, sie erhöhen die Schwingung jeder einzelnen Zelle, während die Essenzen von außen, auch über die Aura in die Zellen eintreten und den Schwingungszustand erhöhen. Die Selbstheilungskräfte werden also doppelt aktiviert. Diese beiden unterschiedlichen Wege sind das Bindeglied, die gegenseitige Ergänzung und Verbindung."

No. 1 Ca-Gang und Calcium fluoratum Nr. 1
Probleme lösen

Weil wir an uns selbst zweifeln und uns häufig nicht trauen, fällige Entscheidungen zu treffen, stellt sich auf die Dauer ein zermürbendes Gefühl, ein Zustand von Unzufriedenheit ein. **Ca-Gang** hilft uns ein freudigeres Lebensgefühl zu entdecken, auf unser ureigenes Können zu vertrauen und eine neue Wahl zu treffen.

Calcium fluoratum gibt der menschlichen Zelle auf organischer Ebene ihre Elastizität und gleichzeitig auch Stabilität. Auf der charakterlichen Seelenebene steht dieser Mineralstoff für das urigene Vertrauen in das eigene Können und das Finden des Standunktes im Leben. Um diesen Standpunkt aus tiefstem Herzen leben zu können, heißt es manchmal auch schwierige Entschei-dungen treffen zu dürfen. Die Essenz und das Mineralsalz helfen dabei.

No. 2 Khur-Mang und Calcium phosphoricum Nr. 2
Begeisterung wecken

Mit Hilfe dieser Essenz können wir unsere innere Kraft entdecken und in unsere volle Größe gehen, das Vertrauen in unser Sein wiederfinden.

Auch **Calcium phosphoricum,** auf körperlicher Ebene für den Knochenaufbau, das Skelett und somit die äußere Größe zuständig, hilft auf der Seelenebene das Vertrauen in das eigene Sein zu stärken, damit Lebensfreude und Begeisterung ihren Raum haben.

No. 3 Tikta und Ferrum phosphoricum Nr. 3
Innere Ruhe

Die Essenz erleichtert es uns, die wichtigen Dinge des Lebens abzuwarten und lässt damit die Einstellung des "Geschehen-Lassens" zur reinen Freude werden.

Ferrum phosphoricum steht auf körperlicher und auf seelischer Ebene in engem Zusammenhang mit der Reibung und der Auseinandersetzung mit der inneren und äußeren Welt. Wie die Essenz verhilft auch der Mineralstoff zur Einwilligung in den Fluss des Lebens.

No. 4 Tikta-dün und Kalium chloratum Nr. 4
Dynamische Konzepte

Die Essenz führt uns zurück in unsere von Natur aus gegebenen Einfachheit, sie hilft uns, der Mensch zu sein, der wir wirklich sind. Damit schaffen wir es leichter, uns aus alten, überkommenen Mustern zu lösen und gefühlsmäßig frei zu werden.

Genau dabei hilft auch **Kalium chloratum,** denn der Mineralstoff ist auf körperlicher Ebene am Aufbau des Zellgewebes der Nerven beteiligt, bei nervlicher Überbelastung verhilft er uns zum Ausgleich unserer Emotionen. Auf der Seelenebene kommen wir zu einem tieferen Verständnis über die Welt unserer Gefühle, dabei lernen wir neu unsere Emotionen zu entdecken und zu verstehen.

No. 5 Tong-len und Kalium phosphoricum Nr. 5
Volle Präsenz

Wir sind dann voll präsent, wenn wir es schaffen, Herz und Verstand zu vereinen, um mit dieser Einheit zu fühlen und zu handeln. Diese innere Harmonie wird dann auch im Außen spürbar und lässt uns bewusst neue, vielleicht auch ungewohnte, Aktivitäten setzen. Dabei kommen wir zu neuen Erfahrungen und Eindrücken, die wieder unsere innere Harmonie stärken.

Kalium phosphoricum gibt uns auf körperlicher Ebene die Energie, Verstand und Gefühl zu vereinen. Auf der Seelenebene hilft uns der Mineralstoff, im Äußeren so zu agieren, dass wir unsere innere Harmonie nicht verletzen und einen angemessenen Rhythmus zwischen Entspannung und Anspannung, zwischen Einsatz und Ruhephase finden.

No. 6 Tse-Wa und Kalium sulfuricum Nr. 6
Handeln oder Abwarten

Die Essenz hilft uns, den Ruf der inneren Stimme (wieder) zu hören, um dem Weg, den die Seele gewählt hat, folgen zu können. Wenn wir in uns hineinspüren, wissen wir genau, ob wir Handeln oder Abwarten müssen und wie wir die Geschehnisse um uns herum einzuordnen haben. Es gelingt uns dann, über unsere Gefühle das Erlebte im Außen mit der Wahrheit unseres Herzens zusammen zu bringen. Wir lernen fühlen, warum uns dieses oder jenes passiert.

Kalium chloratum ist der Mineralstoff der Gefühle und vermittelt uns genau diese Fähigkeit: Über unsere Gefühle können wir die Diskrepanz zwischen unserem Inneren (Erwartungen, Vorstellungen, Wünsche) und den im Außen gegebenen Realitäten überwinden. Wir wissen dann jederzeit, was "zu tun" ist.

No. 7 Poligün-Tschün und Magnesium phosphoricum Nr. 7
Sinnerfülltes Leben

Mit dem Herzen auf der Erde ankommen, dafür steht diese Essenz. Wir entwickeln den Mut, unsere Seele jeden Moment in ihrer vollen Größe zu leben. Dabei wachsen Stabilität, Zuversicht und Selbstvertrauen. Unsere innere Anspannung, den Anforderungen und Erwartungen der anderen gerecht werden zu müssen, darf nachlassen.

Die innere Spannung ist direkt verbunden mit dem Bedarf und Verbrauch an **Magnesium phosphoricum**. Dieser Mineralstoff ist für die Spannung der unwillkürlichen Muskulatur unbedingt erforderlich. Der Verbrauch erhöht sich immer dann, wenn wir den Anforderungen unserer Umgebung perfekt gerecht werden wollen. Dieser Mineralstoff stärkt uns im Vertrauen in unser Leben, hilft uns zurück in die unerschütterliche Zuversicht unseres Herzens.

No. 8 Dschi-lai und Natrium chloratum Nr. 8
Erkenntnis und klare Sicht

Die Essenz hilft uns dabei, die Sonne in unserem Herzen deutlicher wahrnehmen zu können, unser Selbstbewusstsein und unsere Aufgeschlossenheit für kindliche Gefühle der Freude der Sorglosigkeit und der Liebesfähigkeit dürfen wachsen. So entsteht ein neues (für die Seele ein altbekanntes) Vertrauen.

Natrium chloratum wandelt auf Körperebene Starres und Stauung in Bewegung und in Fluss, auf Seelenebene entsteht neuer Mut: Vertrauen in die eigene Auseinandersetzungs-fähigkeit mit dem Leben kehrt zurück, damit auch die natürlichen Gefühle der Kindheit. Fröhlichkeit, Neugierde und Abenteuerlust sind Hoffnungsträger für ein neues Leben.

No. 9 Tschudewa und Natrium phosphoricum Nr. 9
Selbstbestimmt/ Autark

Die Erkenntnis nicht mehr Opfer des Lebens zu sein, wird für uns sichtbar. Wir nehmen unser Leben selbstbestimmt und aktiv in unsere Hände, um das zu erreichen, was für uns wichtig ist. Wir brauchen dann nicht mehr "sauer" sein, wenn uns das Leben gerade nicht die Situation bietet, die wir wollen.

Natrium phosphoricum greift auf körperlicher Ebene, vor allem die Übersäuerung an, d. h. der Mineralstoff bindet die überschüssige Säure, die entsteht, wenn wir unzufrieden mit uns selbst und sauer auf das Leben sind. Wir dürfen lernen, dass wir entscheiden können, wie unser Leben gerade spielt und welcher Einsatz gerade nötig ist oder auch nicht. Sanftmut, Feinfühligkeit und Behutsamkeit mit uns selbst lässt uns dann nur Entscheidungen treffen, die uns stärken.

No. 10 Dashal und Natrium sulfuricum Nr. 10
Das Wichtigste finden

Diese Essenz führt uns zum Erkennen der inneren Wirklichkeit, dabei lernen wir (wieder) mit dem Herzen zu sehen. Unser Herz erfährt eine Befreiung von alten Blockaden, von überkommenen Mustern, alter Unrat, der unser Wachstum behindert, wird entfernt.

Natrium sulfuricum ist der Mineralstoff für die Entschlackung auf allen Ebenen. Alles, was sich festgesetzt hat, kommt wieder in den Fluss. Eine neue Lebensfähigkeit wächst.

No. 11 Lugrun-Serpo und Silicea Nr. 11
Spontane Lebensfreude

Lugrun-Serpo gibt uns die Kraft, um entscheiden zu können, was wir wirklich in unserem Leben wollen. Wenn wir dies aus tiefstem Herzen ersehnen, findet neue Lebensfreude ihren Raum.

Silicea ist als Mineralstoff für den Aufbau des Binde- und des Nervengewebes zuständig, steht also auf körperlicher Ebene für Standfestigkeit, Mut, Nervenstärke und Freude. Auf der Seelenebene werden wir ermutigt, zum Eigenen zu stehen, um unsere Wünsche, Bedürfnisse und Möglichkeiten (wieder) zu spüren. Wir finden den Mut und die Kraft, uns gegen Zwänge und Einengung zu wehren.

No. 12 Sihta und Calcium sulfuricum Nr. 12
Intuition nutzen

Die Essenz hilft uns in der Erkenntnis, dass Fehler nicht "schlecht" für uns sind, sondern wertvolle Erfahrungen für uns bergen. Sie hilft uns, dass wir das, was wir im Inneren fühlen, im Außen umsetzen und dabei ganz auf unsere Intuition vertrauen.

Calcium sulfuricum ist der Mineralstoff, der die Brücken baut, der zwischen Innen und Außen vermittelt. Er zeigt uns eine wichtige Notwendigkeit: nicht nur bei UNS zu sein, sonst verlieren wir den Blick auf die Welt aus den Augen, aber auch nicht nur in der Welt zu sein, weil wir sonst den Blick auf uns selbst verlieren. Unsere Intuition führt uns auf den richtigen Weg.

No. 13 Thratok und Calcium carbonicum Nr. 22
Inspiration genießen

Thratok stärkt unsere Selbstachtung, unser Selbstwertgefühl und unsere Selbst-Akzeptanz. Weil wir uns selbst etwas "wert" werden, brauchen wir uns nicht mehr für Lob und Anerkennung von außen bis zur totalen Erschöpfung zu verausgaben.

Calcium carbonicum ist der Mineralstoff für die körperliche Konstitution. Ein Mangel an diesem Mineralstoff deutet auf eine bereits länger andauernde Ausbeutung auf vielen Körper- und Seelenebenen hin. Wir gewähren uns zu wenig Ruhephasen zur Regeneration, so dass sich die Erschöpfung bis in die innersten Schichten ausdehnt, nur um von außen wertgeschätzt zu werden. Mit Calcium carbonicum finden wir den Mut, unsere idealen Vorstellungen von uns und der Welt auf ein lebbares Maß zu reduzieren.

Seit Beginn meiner Arbeit mit den Essenzen weiß ich ganz sicher, dass jeder Mensch intuitiv die für ihn richtige Essenz auswählt. Wenn dafür ein Fläschchen aus einem Korb, indem sich alle 13 Essenzen befinden, ausgewählt wird, habe ich immer das Gefühl, als würden sich die Essenzen den Menschen aussuchen, an den sie sich verschenken.

Die Fülle, aber auch den Mangel an Mineralstoffen kann man im Gesicht des Menschen entsprechend den Richtlinien der Antlitzanalyse lesen. Wann immer ein Klient eine Essenz für sich ausge-ählt hat, ist auch ein Mangel an dem zugeordneten Mineralstoff im Gesicht abzulesen.

Für mich ist seither klar: Die Mineralstoffe helfen dem Menschen, in jeder Zelle seines Körpers die optimalen stofflichen Voraussetzungen zu schaffen, damit der Körper über das höchste Maß an Kraft und Energie verfügen kann. Die Essenzen bringen alle Zellen, den gesamten Körper und unsere Aura in eine höhere Schwingung, sie sind die Vitamine für die Seele und schaffen im Herzen Raum. Die Essenzen, einmal ausgewählt, begleiten uns mit ihrer Energie jeden Moment unseres Weges. Schwingen Körper und Seele mit der gleichen Energie der Lebensfreude, dann sind wir auf dem Weg in den inneren Frieden, finden Freude und Glück.

3.8 Die Ladakh-Energie-Karten

Die Karten, mit deren Hilfe Sie spielerisch aber ebenso treffsicher "ins Körbchen greifen" können, entstanden aus mehreren Gründen:

Obwohl ich von der Wirkung der Ladakh-Essenzen seit Jahren aufgrund meiner eigenen Erfahrungen und durch die vielen Rückmeldungen und Testergebnisse von unabhängigen Ärzten, Heilpraktikern und Patienten zutiefst überzeugt bin, wollte eine visuelle Umsetzung der ausgleichenden und aufbauenden Schwingungen, die die Ladakh-Essenzen tragen, für all jene geschehen, die über die optische Wahrnehmung am besten ansprechen.

Zudem wäre das Buch ohne die Möglichkeit, mit allen Informationen zu spielen, über die Sie bisher gelesen haben, einfach nicht vollständig, weil wir eben diesen "Spielraum" brauchen. Vermutlich wollen Sie nun selbst herauszufinden, ob denn das "ins Körbchen greifen" bei Ihnen ebenfalls gelingt. Mir ginge es mit Sicherheit so und deshalb bin ich der Auffassung, dass die Karten als zusätzliches Angebot unbedingt zum Buch gehören.

Es gibt aber noch einen weiteren Grund, der mir mit Abstand der Wichtigste ist: Die Ladakh-Essenzen stammen aus einem Teil der Welt, an dem der Himmel die Erde berührt. Diese scheinbaren Gegensätze verschmelzen dort zur Einheit. Diese Sehnsucht nach Einssein tragen wir alle in uns und darum ist diese Information für mich, allen anderen voran, die tragende, stützende, aufbauend helfende Schwingung. Sie in treffende Worte zu fassen ist mir unmöglich, da unsere Worte zu klein sind, um Tiefe und Weite der Gefühle auch nur annähernd zu beschreiben. Nur das Bild vermittelt die Spannung dieser Ambivalenz, zwischen Sehnsucht und Erfüllung, Erde und Himmel, Tod und Unsterblichkeit.

Die Idee zur visuellen Umsetzung der jeweiligen Schwingung der dreizehn Essenzen entstand beim Betrachten von Mandalas. Die Tibeter kennen seit Jahrhunderten deren wunderbare Heilkraft und wissen, dass Form, Farbe und Symbol den Menschen wieder in Harmonie bringen: Körper, Geist und Seele. Aus vielen Berichten erfahren wir, dass diese Darstellungen uns Menschen, besonders in schwierigen Zeiten, vermehrt innere Ruhe schenken, uns zurückführen zum zentralen Punkt tiefen Friedens und Vertrauens in uns selbst.

Weite und Ursprünglichkeit, Frieden und Heiterkeit, ja, den Hauch von Einheit sichtbar werden zu lassen, dafür bieten sich nur kraftvolle Formen und Farben an, die gleichzeitig den unbegrenzten Spiel-Raum unserer geistig-seelischen Möglichkeiten wiederspiegeln. Die darin eingebetteten Symbole entstammen den östlichen Weisheitslehren und erinnern das Unbewusste daran, dass Lösung und Harmonisierung nicht nur möglich, sondern, mit etwas Ausdauer und ein wenig essentieller Unterstützung durchaus erreichbar sind. Diese Symbole drücken im Sichtbaren genau das aus, was die entsprechende Essenz als Information auf allen Ebenen für uns bereit hält.

Die Anwendung der Karten ist denkbar einfach. Allein schon durch einfaches Betrachten der geometrischen Formen, der Farben, Symbole und Proportionen vernetzt das Gehirn unmittelbar die beiden Hirnhälften und führt den Menschen zurück in seine Ursprünglichkeit, seine geistige Mitte. Das Gehirn erkennt den Klang der Farben (nicht der rationale Verstand) und aktiviert die lichtcodierten Fäden, von denen unsere Chromosomen ummantelt sind. Blockaden im emotional-geistigen System können sich auflösen, die Lebensenergie beginnt wieder freier zu fließen, innere Ruhe breitet sich aus.

Wählen Sie eine der folgenden Möglichkeiten:

1. Breiten Sie einfach alle Karten vor sich aus und stellen mit Geist und Herz eine Verbindung zu ihnen her. Lassen Sie sie eine Weile auf sich wirken. Fragen Sie sich bitte nicht, welche Ihnen am besten gefällt (z. B. wegen ihrer farblichen Zusammenstellung), sondern spüren Sie, welches Muster Sie spontan am meisten anzieht oder anspricht. Statt zu zweifeln und sich selbst zu fragen, ob Sie es denn auch richtig machen, folgen Sie wieder Ihrem "guten Gefühl". Sie werden herausfinden, wie angenehm sicher und mühelos dieser Weg für Sie ist. Wählen Sie diese Karte aus und lesen Sie dann den zur Essenz gehörenden Text.

2. Sie können auch Experimentieren: Fächern Sie die Karten verdeckt vor sich aus und fühlen Sie mit der linken Hand, welche Karte Sie gerade jetzt benötigen. Lassen Sie den Gesamteindruck eine Weile auf sich wirken und beobachten Sie dabei Ihre Gefühle. Wenn Sie möchten, lesen Sie noch den dazugehörigen Text.

3. Stellen Sie z. B. ein Glas Mineralwasser (ohne Kohlensäure) für ca. 2 - 3 Minuten auf diese Karte im Bereich des Symbols. Wenn sie das tun, erzeugen Sie ein "verwirbeltes" Wasser, ganz so, wie es aus der Quelle kommt. Zusätzlich wird dieses Wasser mit der in Formen, Symbol und Farbe enthaltenen Botschaft informiert und sie erhalten eine trinkfertige Essenz. Bitte in kleinen Schlucken und langsam über den Tag verteilt trinken, solange sie das Bedürfnis dazu haben.(*)

4. Natürlich können Sie sich auch in die Betrachtung der Karte vertiefen und auf diese Weise die heilende Schwingung in sich aufnehmen. Wenn Sie visuell begabt sind, sehen Sie die gewählte Karte den ganzen Tag vor ihrem geistigen Auge und besonders in Situationen, in denen Sie sich sehr gefordert fühlen. Sie werden erfahren, dass Sie emotional stabiler, ruhiger und klarer werden.(**)

Oder Sie bestellen sich die entsprechende Ladakh-Essenz aus der Apotheke, wenn das Ihrem Gefühl mehr entspricht. (siehe Anhang)

Sicherlich gibt es noch viele andere Möglichkeiten, die Sie selbst entdecken können. Im Spielraum Ihrer Phantasie halten Sie es für möglich, dass vieles in Ihrem Wesen heilt und sich Ihre Energie vermehrt, wenngleich es der rationale Verstand nicht nachvollziehen kann. Vertrauen Sie auf Ihr "gutes Gefühl" und lassen Sie sich von ihm leiten.

Meist ist es ratsam, nach wenigen Tagen, längstens aber nach einer Woche fortgesetzter Einnahme der Schwingung eine Pause einzulegen. Auch hier gilt: "weniger ist mehr". Hören Sie in sich hinein. Ihr Gefühl wird Sie sicher leiten!

(*) und (**): Masaru Emoto, einem japanischen Wissenschaftler ist es nach jahrelanger Forschung gelungen, gefrorene Wasserkristalle zu fotografieren und damit zu beweisen, dass Wasser "lebt". Aus reinem Quellwasser formen sich klare, harmonische Kristalle von unbeschreiblicher Schönheit, während das Leitungswasser der Städte kaum mehr kristallisieren kann. Der Grund für die veränderte, unvollkommene Struktur der Kristalle sind die Informationen, denen das Wasser ausgesetzt ist. Anmutige, formvollendete Kristalle erscheinen, wenn Wasser von harmonischen, aufbauenden Gedanken begleitet wird oder z. B. den Schwingungen einer Sonate von Mozart "lauscht". Aggressive Gedanken oder die entsprechende Musik verursachen tiefe Löcher und zerstören die harmonische Struktur der Wasserkristalle. Da wir Menschen zu mehr als 70 % aus Wasser bestehen, treffen diese Forschungsergebnisse im vollen Umfang auch auf uns zu. Die sich aus Wasser bildenden Kristalle spiegeln perfekt das Umfeld wieder, aus dem sie stammen. Die Moleküle des Wassers spiegeln in kristalliner, sechseckiger Form wahrheitsgetreu wieder, was wir denken und wie wir uns fühlen.
Die Essenzen tragen die Information des Ursprungs – die Karten ebenso. Bringen wir uns in Verbindung mit diesen Ur-Informationen, erinnert sich unser System entsprechend und wir können die Wirkung unmittelbar fühlen.

3.9 Die Ladakh-Energie-Poster

Die Praxis beweist, dass die Ladakh-Karten als Poster (80 x 80 cm) eine klärende und harmonisierende Wirkung auf unsere Arbeitsräume wie auch auf unsere Wohnräume ausüben.

Menschen, die ihre jeweilige Lieblingskarte vergrößert als Poster z. B. gegenüber von ihrem Schreibtisch anbringen und so ständigen Sichtkontakt herstellen berichten übereinstimmend, dass die Wirkung der Symbole ihr Gemüt ausbalanciert und nach ein paar Tagen zu klaren Veränderungen führt: sie sind in schwierigen Situationen deutlich weniger frustriert oder verärgert, fühlen sich klarer und kraftvoller, weniger angreifbar und innerlich beschützt.

"Es ist, als würde vieles einfach an mir vorbeifliegen, was mich früher aus der Haut fahren ließ. Jedenfalls antworte ich auf die Anforderungen des ganz normalen Berufsalltags wesentlich entspannter!"

"Die Leistungsfähigkeit steigt auf diese Weise und das Lebensgefühl ist noch quicklebendig, wenn ich abends meinen Job verlasse. Mein Privatleben kann ich viel intensiver genießen."

"Ich kann gar keinen Grund mehr finden, mich aufzuregen, egal was der Tag mir bringt. Mein Grundgefühl ist so friedlich, dass ich gelassen reagieren kann."

Finden die Poster ihren Weg in Privaträume, wirken sie dort ausgleichend und beruhigend, häufig erwecken sie im Betrachter einfach nur Freude oder schaffen ein Gefühl der Leichtigkeit. In Schlafzimmern oder Mediationsräumen ist die Wirkung besonders deutlich fühlbar.

Das Verinnerlichen der kraftvollen, nonverbalen Symbol-Botschaften, die ständig als harmonisierende Schwingung auf unser Innenleben und unsere Ausstrahlung einwirken, schafft auf geheimnisvolle Weise Ordnung im menschlichen System, entrümpelt Nerven und Gewissen und bringt insgesamt fühlbar Erleichterung. Die Lebensqualität verändert sich zum Positiven, Freude und Zuversicht dominieren wieder das Gefühlsleben. In einer schnellebigen Zeit wie der jetzigen bieten die Poster allen Menschen, die sich angesprochen fühlen eine einfache und zugleich grandiose Möglichkeit, sich selbst auszubalancieren und zu stärken, Ballast abzuwerfen und eine innere Leichtigkeit zu erzielen, ohne tatsächlich direkt etwas zu tun (was wieder Zeit braucht).

Die Veränderung geschieht "einfach nebenbei", wenn Sie es so wollen und auch innerlich zulassen; d. h. nur offen für die Erfahrung eines glücklichen, kraftvollen und schöpferischen Lebens sind. Ist die Öffnung da, kann das Wunder geschehen.

4. Erfahrungsberichte

Die vielen Erfahrungen mit den Essenzen, die ich während der zehn vergangenen Jahre sammeln durfte, sind zwar individuell sehr unterschiedlich, zeigen aber auch klare Übereinstimmungen, die in nahezu allen Berichten wiederkehren:

In diesen Ladakh-Essenzen wirkt nicht die Einzelkomponente, sondern der Gesamtkomplex bestehend aus: der den Pflanzen eigenen Heilkraft, die ursprüngliche Kraft der fast unberührten Erde und die nicht zu benennenden Kräfte, die zwischen Himmel und Erde für uns wirken.

Konsequent und aufmerksam beim kleinsten inneren Ungleichgewicht eingenommen, verhelfen die Essenzen zu einem deutlich wahrnehmbaren Energie-Gleichgewicht, das natürlich individuell unterschiedliche Erscheinungsbilder aufweist. Die Entwicklung kraft-voller Gedankenformen wird übereinstimmend bestätigt, wobei die Bewusstwerdung dieser Kraft noch mehr Energie mobilisiert und den Menschen in tiefere Ebenen des Verstehens führt. Plötzlich wird klar, was zuvor wie vernebelt erschien. Große Erleichterung tritt ein. Viele berichten, dass sie sich wie befreit fühlten, als sie endlich bereit waren, bestimmte Vorstellungen oder gewollte Er-gebnisse aufzugeben. Zu dieser Bereitschaft hätten die Ladakh-Essenzen wesentlich beigetragen. Von den Ladakhis habe ich eine Weisheit mitgenommen: "Wenn deine Person scheitert, dann scheitert nicht dein wahres Wesen. Ganz im Gegenteil. Es wird genau in diesem Moment befreit."

Die Ladakh-Essenzen beschleunigen den Energie-Aufbau und damit erhöhtes Bewusstsein, das nicht generell bemessen, wohl aber individuell gefördert und erfahren werden kann. Es wird deutlich, dass ein sattes Energie-Niveau nicht nur persönliches Wohlbefinden bewirkt, sondern auch unsere höheren Gaben aktiviert, die nur über ausreichend verfügbare Energie erreicht werden können.

Jeder einzelne Meridian des menschlichen Systems ist so beschaffen, dass auch der physische Körper ständig mit fließender, freier Energie angefüllt werden kann, nicht nur, um Krankheiten zu vermeiden sondern vor allem, um das ererbte, kreative Potenzial, das jeder von uns in sich trägt, zu voller Blüte zu bringen. Warum? Um das eigene Dasein als erfolgreiche Erfahrung zu erleben. Etwa so: Wir blicken, uns unserer kraftvollen Möglichkeiten bewusst, auf unser Leben und gestalten es so, dass wir jederzeit sagen können: "Dies ist **meine** Schöpfung und ich freue mich von Herzen an ihr."

Mit Erstaunen und Ehrfurcht erahne ich beim Studium aller Berichte, dass die Ladakh-Essenzen offensichtlich unsere genetische Substanz erreichen, die in Resonanz mit dem göttlichen Geist steht.

In diesen Zeiten des Umbruchs und der Veränderung ein Wunder, das wir nutzen können, um an den Anforderungen des dritten Jahrtausends zu wachsen. Wir können neue, friedvolle Lösungen für anstehende Probleme finden. Uns wird die Chance geboten, innerlich so viel Energie aufzubauen, dass wir nicht länger nur glauben, sondern wissen: "Was immer geschieht, meine geistige Kraft trägt mich. Zu meinem Wohle und zum Wohle aller." Aus diesem bewussten Zustand sind Dinge möglich, die der Verstand nicht denken kann. Wagen wir das Neue, machen wir den Versuch. Schreiben wir in unserem Wesen die Zukunft neu. Wir können nur hinzugewinnen.

4.1 Erfahrungsberichte von Ärzten/ Ärztinnen und Heilpraktikern/ innen

Bericht einer Heilpraktikerin:

"In meiner Praxis hat es sich eingespielt, dass die Patienten "ins Körbchen greifen" und dann den für sie bestimmten Text lesen. Bisher hat die Beschreibung immer den Nagel auf den Kopf getroffen und jeder fühlte sich von der Botschaft angesprochen, konnte die Wahrheit der Worte zustimmend unterstreichen. Wenn ich dann die betreffende Essenz mit der sonst üblichen Bachblüten-Mischung verbinde, kann ich deutlich feststellen, dass die beabsichtigte Wirkung verstärkt ausfällt. Es ist, als hätte sie mehr Durchzugskraft, ein Turbo-Effekt. Die Ladakh-Essenzen verstärken und beschleunigen Prozesse, und das in allen Fällen, in denen ich sie eingesetzt habe, zu meiner größten Zufriedenheit und der der Patienten. Sie verstehen viel klarer, um was es wirklich geht und agieren entsprechend."

Bericht einer Ärztin:

"Bevor ich eine Akupunktursitzung beginne, bitte ich meine Patienten, sich eine der Ladakh-Essenzen auszuwählen und den Text zu lesen. Da die Erklärungen immer zutreffen, öffnet sich der Patient innerlich deutlich mehr, als dies ohne Essenzen der Fall war. Manchmal reibe ich ein oder zwei der gewählten Tropfen während der anschließenden Sitzung in die Region ein, die genadelt wird, manchmal nimmt der Patient einen Tropfen direkt auf die Zunge. Ich konnte beobachten, dass sich die Sitzung vertieft und die Ergebnisse viel prägnanter ausfallen. Die Essenzen verhelfen Therapeut wie Patient dazu, den jeweilig wichtigen Punkt der Sitzung genau zu treffen und eine Lösung in Gang zu setzen, die dann überraschend schnell ins Bewusstsein tritt."

Bericht einer Heilpraktikerin:
"Die Essenzen stehen in meinem Vorzimmer in einem Körbchen zur freien Verfügung bereit, der Text dazu liegt daneben. Ich habe festgestellt, dass viele Patienten freiwillig und ohne ein Wort von meiner Seite vor der Sitzung ins Körbchen greifen und mit Spannung ihren Text lesen. Wenn die Sitzung beginnt, tragen sie selbst sehr viel mehr zum Fortschreiten des Prozesses bei, als es zuvor der Fall war, weil ihnen offenbar etwas klar wurde, was ihnen noch nicht voll bewusst war. Das spart uns viel Zeit und erleichtert die Arbeit. Ich möchte auf das Körbchen in meinem Vorzimmer nicht mehr verzichten, es ist zu einem stillen Mitarbeiter geworden, den ich außerordentlich schätze."

Bericht einer Ärztin:
"Die Ladakh-Essenzen haben sich in meiner Praxis als schnelle und sichere Hilfe bei allen Formen von Stress und nervös bedingten Symptomen bestens bewährt. Gleichgültig, ob die Patienten über Verspannungen im Schulter-Nackenbereich klagen, über nervös bedingte Kopfschmerzen, Blähungen, Verstopfung, Gastritis, Krämpfe oder über nervös bedingte Esstörungen (um nur einige der Symptome zu nennen), die Einnahme der Essenzen harmonisiert den jeweiligen Zustand binnen weniger Minuten. Für all diese Patienten sind sie wirklich Notfall-Tropfen: schnell entspannend und ohne Nebenwirkungen, vom "Trendbericht", woher diese Beschwerden ursächlich stammen, begleitet. So erreichen wir nicht nur eine rasche Besserung sondern, verbunden mit meiner Therapie, in vielen Fällen eine dauerhafte Heilung."

Bericht einer Psychotherapeutin:
"Bevor ich mit einer Sitzung beginne, bitte ich meine Patienten, eine der Ladakh-Essenzen zu ziehen. Seit ich die Schwingung dieser Essenz in die Sitzung mit einbeziehe, ohne sie gesondert zu erwähnen, zeigen sich die wahren Themen deutlich schneller und klarer, die Entspannung ist tiefer. Besonders für den Patienten sehe ich darin einen großen Vorteil, weil er sich auf diese Weise seine

Fragen, mit denen er zu mir kommt, schnell, offen und klar selbst beantwortet. Das Selbstbewusstsein steigt deutlich, der Prozess hat mehr Kraft. Auch ich sehe in dieser Vorgehensweise einen sehr großen Vorteil, kürzt er die Therapie doch deutlich ab und lässt sie schnell erfolgreich werden. Zu meinem großen Erstaunen sind die Patienten absolut bereit, sich ihre eigenen, "dunklen Schatten" anzuschauen, was zuvor nur in mühevollen, kleinen Schritten möglich war."

Bericht einer Heilpraktikerin:
"Ich kann Ihnen mit Freude von einem therapieresistenten Fall berichten: ein junges Mädchen, 7 Jahre, leidet nach der Scheidung der Eltern unter einem Hautpilz, der einfach nicht weichen will, statt dessen immer weitere Hautareale befällt und sehr starken Juckreiz verursacht. Als ich spielerisch vorschlage, doch einmal ‚ins Körbchen zu greifen', findet das Kind sofort sein Fläschchen. Wir verfahren nun doppelgleisig: für eine Woche soll das Mädchen täglich mehrere Tropfen einnehmen, zusätzlich erfolgen äußere Waschungen, ebenfalls mehrmals täglich (2 Tropfen Essenz auf 1 Liter Wasser). Nach wenigen Tagen ist deutlich, dass der Pilz sich zurückbildet und nach etwas mehr als einer Woche ist das Mädchen symptomfrei. Wir konnten alle nur staunen."

Nach diesem Ergebnis lag es nahe, Patienten mit Neurodermitis und Psoriasis ebenfalls auf eine zwar individuell abgestimmte, jedoch im Grunde gleiche Weise zu behandeln. In allen Fällen hatten wir sehr schnell eine Besserung, wenn auch nicht immer eine Heilung zu verzeichnen. Wir fügen lediglich in schwereren Fällen eine zusätzliche Behandlung mit der Creme durch: die Essenzen werden in eine neutrale Salbengrundlage eingearbeitet. Die Besserung war in vielen Fällen frappierend.

Bericht einer Heilpraktikerin:
"Eine Hausfrau, 40 J., Mutter von vier Kindern klagt seit Jahren über heftige, innere Unruhe und Getriebenheit, die sie einfach nicht zur Ruhe kommen lassen. Ihr Zustand verschlimmert sich von Woche zu Woche. Obwohl im Äußeren kein Grund besteht, plagen sie Existenzängste, die sich mitunter zu Panikattacken steigern. Psychopharmaka will sie nicht nehmen, weil sie fürchtet, abhängig zu werden und allein bei diesem Gedanken in noch größere Angst verfällt. Nachdem sie mit den Ladakh-Essenzen zu arbeiten beginnt, wird sie ruhiger und wundert sich warum. ‚Meine Gedanken sind nun nicht mehr die gleichen‘, erzählt sie und ich glaube es ihr gerne, weil ihre Erscheinung viel entspannter wirkt. Sie will die Behandlung unbedingt fortsetzen, bis sie sich wieder vollkommen wohl in ihrer eigenen Haut fühlt."

Bericht einer Ärztin:
"Eine junge Studentin mit einem glänzenden Abitur kommt in meine Praxis und erzählt, dass ihr Hals ständig wie zugeschnürt sei. Der Kopf völlig leer und ihre Konzentrationsfähigkeit habe sie auch restlos verloren. ‚Ich kann nicht mehr klar denken, komme mir wie vollkommen blöd vor‘, sagt sie. Sie ist verzweifelt, weil sie sicher ist, in diesem Zustand nicht weiter studieren zu können. Es stellt sich heraus, dass Sie hochintelligent ist und einen extrem hohen Anspruch an sich selbst hat. Aufgrund dieser Voraussetzungen setzt sie sich selbst enorm unter Druck, und will ihre Leistungen nur noch akzeptieren, wenn sie heute besser sind, als die von gestern.

Da ihr das nicht gelingt, denkt sie ernsthaft an Suizid, denn sie hatte sich bereits verschiedenen Behandlungen unterzogen, ohne einen Erfolg zu verzeichnen. ‚So will ich nicht leben‘, ist ihre Entscheidung. Die Ladakh-Essenzen werden mit der EAV getestet und sprechen bestens an. Der innere Druck lässt bereits innerhalb der ersten Woche nach und während wir weiterbehandeln, findet sie durch einen Traum selbst heraus, woran es liegt. Wir lösen das Muster gemeinsam. Sie studiert weiter, kann wieder klar denken und wird immer zufriedener mit ihren Leistungen."

4.2 Erfahrungsberichte von Patienten

Maria, 33 J., Produktmanagerin, berichtet:
"Ich habe einen ziemlich hektischen und häufig anstrengenden Job. Wenn ich abends nachhause komme, bin ich mitunter wirklich erledigt. An solchen Tagen wähle ich eine der Ladakh-Essenzen aus, nehme nur das Fläschchen in die Hand und lege mich ein Weile hin. Nach etwa einer halben Stunde fühle ich mich frisch, wie restlos ausgeschlafen, und kann meine Freizeit wirklich noch genießen. Wenn ich mich ohne die Essenz ausruhe, bin ich nicht in der gleichen Weise fit."

Lina, 46 J., Masseurin, schreibt:
"Noch vor einem halben Jahr war ich in einer Beziehungskrise, die kein Ende nehmen wollte. Im Grunde war mir klar, dass wir auf Dauer nicht zusammen passen würden, aber dennoch kam ich einfach nicht von ihm los. Waren wir wieder zusammen, geschahen immer wieder die gleichen Verletzungen, die uns sofort erneut auseinander trieben. Ich war mit meinen Nerven und mit meiner Kraft am Ende. In dieser ausweglosen Situation, zog ich in meiner Verzweiflung eine Ladakh-Essenz für mich und zusätzlich eine für meinen Partner. Meine Essenz nahm ich zwar täglich einmal ein, bereitete aber noch zusätzlich ein Glas mit Wasser vor, in das ich einen Tropfen Essenz gab. Diese Mischung stellte ich auf ein neues Foto von mir und betete innerlich um eine Lösung.

Auf die gleiche Weise behandelte ich meinen Freund Peter und bat um eine göttliche Lösung. Zu meinem größten Erstaunen veränderte sich mein Verhalten in wenigen Tagen. Meine Gefühle wurden klarer und ich hatte endlich die Kraft, die fällige Entscheidung zu treffen und sie auch mit meinem Partner offen zu besprechen. Peter hörte mir zu, nickte und meinte, er sei der gleichen Meinung. Ein ganzes Jahr lang waren wir zu diesem Schritt nicht fähig, und nun geschah es fast mühelos. Ich fühle mich so frei, wie selten zuvor, mit Peter verbindet mich eine schöne Freundschaft, die nun auch von Dauer sein kann."

Sabine, 36 J., Masseurin, erzählt:
"Es wurde schon lange gemunkelt, dass Entlassungen drohen. Als es dann geschah und ausgerechnet mich traf, fiel ich aus allen Wolken. Vier volle Wochen verbrachte ich in Existenzängsten, die immer schlimmer wurden. Auf meine Bewerbungen hin erhielt ich nur Absagen. Durch eine Freundin traf ich auf die Ladakh-Essenzen und wählte eine Flasche aus. Der Text traf die Wahrheit vollkommen und ich war sprachlos. Als ich die Mischung das erste mal morgens einnahm, glaubte ich an gar nichts. Aber bereits nach 2 Stunden hellte sich meine Stimmung auf. Am Abend war ich, völlig ohne Grund, plötzlich hoffnungsvoll gestimmt und meine Angst war geschrumpft. Im Verlaufe von weiteren 4 Tagen gewann ich meinen angeborenen Optimismus zurück. Bis ich wieder eine Stelle fand, blieb mir meine positive Einstellung erhalten, die mich seitdem nicht mehr verlassen hat. Bei leichten Schwankungen weiß ich nun, was ich tun kann. Das gibt mir ein zusätzliches Gefühl von Sicherheit. Seither glaube ich an Wunder."

Max, 46 J. berichtet über seine Mutter, 82 J:
"Meine Mutter lag seit mehr als einer Woche im Bett mit einer heftigen Bronchitis. Sie verweigerte die Medikamente und war sehr depressiv. Wir befürchteten eine Lungenentzündung und ich hatte das dringende Gefühl, irgend etwas tun zu wollen. Auf alle Versuche meiner Geschwister, sie zur Einnahme der Medikamente zu bewegen, reagierte sie tagelang nicht. In meiner Sorge um sie, wählte ich ein Fläschchen der Ladakh-Essenzen mit der inneren Bitte an Gott aus, dass nur das Allerbeste für sie geschehen möge und zwar das, was mit ihrer Seele im Einklang ist. Dann bot ich ihr die Tropfen in einem Glas Wasser an. Sie trank es sofort. Nach ein paar Stunden griff sie wortlos zu ihren Medikamenten. Die Gesundung schritt gut voran und heute lächelt sie über ihre ‚Dummheit', wie sie ihr damaliges Verhalten nennt. Aber sie ist durchaus der Meinung, die Entscheidung allein getroffen zu haben."

Johanna B., 40 J., Angestellte, erzählt:
"Vor einem halben Jahr begann eine höchst turbulente Zeit in meinem Leben, alles schien einfach auseinander zu brechen. Im Beruf ebenso wie privat, finanziell standen wir auch auf der Kippe. Ich wurde immer nervöser, fühlte mich wie in einem Wirbelsturm und wusste nicht mehr, wo oben oder unten ist. Da keine Lösung in Sicht war und auch all meine Bemühungen in diese Richtung nicht den Hauch eines Fortschritts brachten, wurde ich immer ängstlicher. Nachts zu schlafen, war eine Illusion. Die Gedanken rasten und ich kam einfach nicht zur Ruhe. Auf Anraten eines Freundes versuchte ich die Ladakh-Essenzen, ohne den geringsten Glauben daran. In dieser Nacht schlief ich wie ein Stein, meine Gedanken waren am nächsten Morgen viel ruhiger und mein Herz hämmerte nicht länger wie wild. Ich hörte ein leises Stimmchen, das mir zuflüsterte: "Es wird schon werden, ganz bestimmt." Die Stimme hätte mich wohl nicht überzeugt, aber sie wurde begleitet von einem kindlichen Gefühl des Gottvertrauens, das ich über Jahrzehnte nicht mehr gekannt hatte. Ich nahm die Tropfen nur für ein paar Tage und hatte dann das Gefühl, sie nicht mehr zu benötigen, was mich sehr stolz sein ließ. Die Situation in meinem Leben hat sich noch nicht verändert, aber ich sehe alles aus einer anderen Perspektive und bin mir sicher, dass eine Lösung bereits unterwegs ist. Auch mein Mann ist ruhiger geworden, vor allem deshalb, weil ich so ruhig bin. Ist das nicht wunderbar?"

Jochen, 56 J., Kunstmaler, berichtet:
"Ich war in einer unangenehmen Angelegenheit, die meinen besten Freund betraf, als Zeuge vor Gericht geladen. Das gefiel mir gar nicht. Tage zuvor schon war ich aufgeregt und träumte in den Nächten einen Albtraum nach dem anderen. Schweißgebadet wachte ich auf und konnte den folgenden Tag nicht wirklich ruhig arbeiten. Natürlich war ich emotional auf der Seite meines Freundes, der aus meiner Sicht zu Unrecht angeklagt war. Innerlich zitterte ich und ärgerte mich über mich selbst. Meine Frau bot mir die Ladakh-Essenzen an und ich suchte mir in meiner Not eine Flasche aus,

obwohl ich nicht an diese Sachen glaube. Zu meinem Erstaunen bauten sich meine Angstgefühle deutlich fühlbar ab und ich wurde sehr viel ruhiger. Vor Gericht konnte ich ohne Herzklopfen eine sachliche Aussage machen, kurz und präzise, ohne all die Ängste und Befürchtungen, die ich vorher hatte. Ich schüttele noch heute den Kopf über diesen Vorfall und frage mich, ob die Essenzen diese Veränderung bewirkt haben.“

4.3 Erfahrungsberichte mit Tieren und Pflanzen

Patricia Sch., 29 Jahre schreibt: "Seit meiner Jugend habe ich einen Hund, den ich sehr liebe. Da er nun bereits ein sehr alter Herr ist und seine Wirbelsäule ihm schwer zu schaffen macht, fällt das ihm Laufen schwer. So liegt er oft und ich sehe, dass er darunter leidet. Ich möchte ihm sein restliches Leben so schön wie möglich gestalten und den Gang zum Tierarzt erst einmal vermeiden. Eine Freundin erzählte mir von den Ladakh-Essenzen und brachte mir das gesamte Set vorbei. Wie ich es bereits von anderen Therapieformen kenne, habe ich mit meiner rechten Hand den Hund gestreichelt und meine innere Stimme gefragt, ob er eines von diesen Fläschchen benötigt und wenn ja, welche. Plötzlich war ich ganz sicher und griff ein Fläschchen heraus. Mein Hund wedelte mit dem Schwanz. Seit einer Woche gebe ich ihm täglich einen Tropfen in sein Trinkwasser und kann deutlich sehen, dass er wieder besser laufen kann. Auf geheimnisvolle Weise hat er mehr Lebenskraft, will wieder länger spazieren gehen und schäkert in diesen Zeiten endlich wieder mit anderen Hunden. Er springt natürlich nicht wie ein junger Hund, aber er leidet ganz offensichtlich nicht mehr wie zuvor unter den Schmerzen in seiner Wirbelsäule. Ich kann gar nicht in Worte fassen, wie viel mir das bedeutet."

Johanna B., 56 J., fand heraus: "Wenn meine Zimmerpflanzen während der Winterzeit unter der trockenen Heizungsluft leiden, wähle ich eine Ladakh-Essenz für sie aus und gebe 1 - 2 Tropfen auf 2 Liter Gießwasser. Ich kann deutlich wahrnehmen, wie sich ihre Blätter sehr bald straffen und die Pflanzen viel frischer und gesünder aussehen. Auch meine Orchideen behandle ich von Zeit zu Zeit auf diese Weise und habe schon so manche Topfpflanze zum wiederholten Blühen überreden können. Auch mit Bachblüten habe ich meine Pflanzen behandelt und gute Erfolge erzielt, aber auf diese Weise ist das Ergebnis noch deutlicher. Ich werde weiter experimentieren."

Melanie, 35 J., erzählt: "Während des Winters sind meine Pflanzen besonders anfällig für Pilze und Läuse. Wenn ich mehrmals pro Woche einen Tropfen Ladakh-Essenzen ins Gießwasser gebe, verschwinden die Parasiten sehr schnell. Ich bin wirklich begeistert!"

5. Anhang

5.1 Danke

Mein besonderer Dank gilt allen Freunden, die den Weg dieser Essenzen mit begleitet haben, ihre außergewöhnliche Heilkraft ebenso staunend erkannten und mir ihre selbstlose Unterstützung schenkten, allen voran Heike Klocker und Mag. Michael Horner.

Natürlich allen Kahuna-Freunden, die einzelne Essenzen langfristig einnahmen und mir über ihre Erfahrungen offen berichteten, sowie all jenen, die Familienstellen mithilfe der Essenzen testeten und neue, aufbauende Erkenntnisse erlangten, sage ich von Herzen für ihr Vertrauen und ihre Unterstützung Dank.

Den Ärztinnen und Heilpraktikerinnen, die in Übereinstimmung mit ihren Patienten sehr unterschiedliche, aber bemerkenswerte Erfolge erzielten, sogar bislang unbekannte, neue Wege fanden, sei für ihre Initiative und ihr Vertrauen in die Kraft der Essenzen von Herzen gedankt: u.a. Frau Dr. Diepgen, Eva Eder, Elisabeth Fenke, Frau Dr. Schmid, Frau Dr. Zizenbacher.

Innigen Dank auch an Michaela Lepp, Irene Schida, Kurt Schindler und Peter von Beyer, die durch ihre unermüdliche Begleitung und Unterstützung dieses Buch möglich werden ließen.

Dank allen Patienten, die aufgrund eigener Erfahrung an die Kraft der Essenzen glauben und mich ermunterten, dieses Buch zu schreiben. Auch wenn ich nicht jeden Einzelnen gesondert mit Namen nenne, so bin ich doch in meinem Herzen mit ihnen allen verbunden.

Vor allem aber danke ich meinem Schöpfer, der alles was entstand und noch entstehen wird, mit seiner Liebe segnet.

5.2 Literaturhinweise

Alt, Franz, Liebe ist möglich, München 1985
Bokun, Branko, Wer lacht, lebt. Kreuzlingen 1996
Dalla Via, Gudrun, Lichtwässer und ihre Heilkräfte**,** Baden 2002
HH Dalai Lama & Howard C. Cutler, The Art of Happiness, London 1998
Emoto, Masaru, Wasserkristalle, Burgrain 2001
Feichtinger/Niedan, Praxis der Biochemie nach Dr. Schüssler, Heidelberg 2000
Fosar, Bludorf, Vernetzte Intelligenz, Aachen 2001
Long, Max Freedom, Geheimes Wissen hinter Wundern, Freiburg 1982
Manning, Jeane, Freie Energie, Düsseldorf 1998
Rebel, Günther, Körpersprache, München 1997
Sheldrake, Rupert, Terence McKenna, Ralph Abraham, Denken am Rande des Undenkbaren, München 1999
Spalding, Baird, Leben und Lehren der Meister im Fernen Osten, München 1977
Walsch, Neale Donald, Gespräche mit Gott, Band 1-3, München 1996
Wiegel, Suzan H., Das Handbuch der Kahuna-Medizin, München 1996
Wiegel, Suzan H., Die Botschaft der Kahunas, München 2002
Zwicki, Fritz, Entdecken-Erfinden-Forschen im morphologischen Weltbild, Glarus 1989

5.3 Bezugsquellen

Die Autorin, Suzan H. Wiegel, hält zum Buchthema Vorträge und gibt Seminare für Laien und Behandler/innen in kleinen Gruppen im In- und Ausland. Sie steht ebenfalls für Einzelsitzungen/ Coachings nach vorheriger Vereinbarung zur Verfügung. Für alle weiteren Informationen zum Buchthema und für Bestellungen der Ladakh-Essenzen, der Ladakh-Energie-Karten und Ladakh-Energie-Poster wenden Sie sich bitte an:

Lichtinsel Deutschland

Marion von Beyer	Tel.: 0 91 03/ 71 93 97
Löffelholzstrasse 26	Fax: 0 91 03/ 719 84 91
90556 Cadolzburg	e-mail: marionvonbeyer@gmx.de

Lichtinseln Österreich

Stadtapotheke Trofaiach	
Mag. Pharm. Michael Horner	Tel.: 0 38 47/ 40 42
Langefelder Str. 12	Fax: 0 38 47/ 40 42 16
A-8793 Trofaiach	e-mail: stadtapotheke.trofaiach@leox.net

Mariahilf-Apotheke	
Apothekerin Heike Klocker KG	Tel.: 0 38 47/ 22 47
Hauptplatz 2a	Fax: 0 38 47/ 22 47 4
A-8793 Trofaiach	e-mail: apotheke@mariahilf.co.at

Dr. Orina P. Zizenbacher	Tel.: 01/ 4 03 73 81
Alserstrasse 43/3	Fax: 01/ 4 03 73 81
A-1080 Wien	e-mail: zizenbacher@naturheilzentrum.at
	www.zizenbacher.at

Lichtinsel Schweiz

Monica Haefeli	Tel.: 055/ 422 26 10
Rietstrasse 20	Fax: 055/ 422 26 10
CH-8840 Einsiedeln	e-mail: monica.hawaii@mydiax.ch

Oder besuchen Sie die Lichtinsel® im Internet unter:
www. lichtinsel.com

Die im Text erwähnten dreizehn Ladakh-Essenzen sind in Tropfflaschen zu je 20 ml erhältlich. Es handelt sich dabei um eine Hochpotenz LM 1. Man benutzt sie als Vorratsflaschen, aus denen man jeweils einen Tropfen der Essenz in ein Glas mit etwa 200 - 250 ml Wasser (ohne Kohlensäure) zum schluckweisen Trinken über den Tag verteilt nimmt. Weitere Einnahmemöglichkeiten entnehmen Sie bitte dem Buchtext. Vor Gebrauch werden die Fläschchen in der rechten Hand gehalten und drei- bis siebenmal (je nach Gefühl) gegen das Handchakra der linken Hand geklopft.

Ein Fläschchen reicht bei durchschnittlicher Anwendung für mindestens ein bis zwei Monate, häufig auch sehr viel länger.

Nach der derzeitigen Preisliste betragen die Kosten für je 20 ml Ladakh-Essenz EUR 12,00 zzgl. MWSt/ CHF 18,50 zzgl. MWSt und Versandkosten. Sie sind gegen Vorkasse, Scheck oder Bankeinzugsverfahren erhältlich und werden innerhalb von etwa einer Woche geliefert.

Die Ladakh-Energie-Karten (Set mit 13 Stück) kosten derzeit EUR 29,00 (zzgl. MWSt/ Versand), sind im Format 13 x 13 cm und werden in Filzsäckchen geliefert.

Der Preis für die Ladakh-Energie-Poster beträgt EUR 170,00 (Stück) zzgl. MWSt und Versandkosten.